清代學術概論

梁啓超著

中華書局印行

清代學術概論

序

方震編歐洲文藝復興史既竣。乃徵序於新會。而新會之序。量與原書埒。則別爲清學概論。而復徵序於震。震惟由復古而得解放。由主觀之演繹進而爲客觀之歸納。清學之精神。與歐洲之文藝復興。實有同調者焉。雖然物質之進步遲遲至今日。雖當世士夫大聲以倡科學。而迄今乃未有成者何也。

且吾於清學發達之歷史中。亦有數疑問。

一、耶穌會挾其科學東來。適當明清之際。其注意尤在君主及上流人。明之后。清之帝。皆是也。清祖康熙。尤喜其算。測地量天。浸浸乎用之實地。苟循是以發達。則歐學自能逐漸輸入。顧何以康熙以後。截然中輟。僅餘天算以維殘壘。

二、致用之學。自亭林以迄顏李。當時幾成學者風尙。夫致用云者。實際於民生有利之謂也。循是以往。亦物質發達之門。顧何以方向轉入於經典考據者。則大盛。而其餘獨不發達。至高者勉爲附庸而已。

三、東原理欲之說。震古鑠今。此眞文藝復興時代個人享樂之精神也。「遏欲之害。甚於防川。」茲言而在中國。

豈非奇創。顧此說獨爲當時所略視。不惟無贊成者。且并反對之聲而不揚。又何故。

四、迨至近世。震於船堅礮利。乃設製造局譯西書送學生。振振乎有發達之勢矣。顧今文學之運動。距製造局之創設後二十餘年。何以通西文者。無一人能參加此運動。而變法維新立憲革命之說起。則天下翕然從之。奪格致化學之席。而純正科學卒不揚。

此其原因有原於政治之趨勢者。清以異族入主中夏。致用之學。必遭時忌。故藉樸學以自保。此其一也。康熙末年諸王相競。耶穌會黨太子。喇嘛黨雍正。（此言夏穗卿先生爲我言之）旣失敗於外。又遭讒於羅馬。而傳教一事乃竟爲西學輸入之一障害。此其二也。 原於社會之風尙者。民族富於調和性。故歐洲之復古為衝突的。而淸代之復古雖抨擊宋學。而還聖經以自保。則一變爲繼承的。而轉入於調和。輪廓不明瞭。此科學之大障也。此其三。民族尙談玄。藝術一途。社會上等諸匠人。而談空說有者。轉足以自尊。此其四。今時局機運稍稍變矣。天下方競言文化事業。而社會之風尙。猶有足以爲學術之大障者。則受外界經濟之影響。實利主義與多金爲上位。尊次之。而對於學者之態度。則含有迂遠不適用之意味。而一方則談玄之風猶未變。民治也。社會也。與變法維新立憲革命等。是一名詞耳。有以異乎。無以異乎。此則願當世君子有以力矯之矣。

民國十年正月二日　　蔣方震

清代學術概論

自序

（一）吾著此篇之動機有二其一胡適語我晚清「今文學運動」於思想界影響至大吾子實躬與其役者宜有以紀之其二蔣方震著歐洲文藝復興時代史新成索余序吾覺泛泛爲一序無以益其善美計不如取吾史中類似之時代相印證焉庶可以校彼我之短長而自淬厲也乃與約作此文以代序既而下筆不能自休遂成數萬言篇幅幾與原書埒天下古今固無此等序文脫稿後只得對於蔣書宣告獨立矣

（二）余於十八年前嘗著中國學術思想變遷之大勢刊於新民叢報其第八章論清代學術章末結論云

『此二百餘年間總可命爲中國之「文藝復興時代」特其興也漸而非頓耳然固儼然若一有機體之發達至今日而蔥蔥鬱鬱有方春之氣焉吾於我思想界之前途抱無窮希望也』

又云

『有清學者以實事求是爲學鵠饒有科學的精神而更輔以分業的組織』

又云

『有清二百餘年之學術實取前此二千餘年之學術倒捲而繅演之如剝春筍愈剝而愈近裏如啖甘蔗愈啖而愈有味不可謂非一奇異之現象也此現象誰造之曰社會周遭種種因緣造之』

余今日之根本觀念與十八年前無大異同．惟局部的觀察．今視昔似較爲精密．且當時多有爲而發之言．其結論往往流於偏至．——故今全行改作．採舊文者什一二而已．

(三)有清一代學術可紀者不少．其卓然成一潮流帶有時代運動的色彩者．在前半期爲「考證學」．在後半期爲「今文學」．而今文學又實從考證學衍生而來．故本篇所記述．以此兩潮流爲主．其他則附庸耳．

(四)「今文學」之運動．鄙人實爲其一員．不容不敍及．本篇純以超然客觀之精神論列之．即以現在執筆之另一梁啓超批評三十年來史料上之梁啓超也．其批評正當與否．吾不敢知．吾惟對於史料上之梁啓超力求忠實．亦如對於史料上之他人之力求忠實而已矣．

(五)篇中對於平生所極崇拜之先輩．與夫極尊敬之師友．皆直書其名．不用別號．從質家言．冀省讀者腦力而已．

(六)自屬稿至脫稿．費十五日．稿成卽以寄改造雜誌應期出版．更無餘裕覆勘．舛漏當甚多．惟讀者教之．

民國九年十月十四日　啓超識

清代學術概論

第二自序

(一)此書成後。友人中先讀其原稿者數輩。而蔣方震林志鈞胡適三君。各有所是正。乃采其說增加三節改正數十處。三君之說不復具引。非敢掠美。爲行文避枝蔓而已。丁敬禮所謂『後世誰相知定吾文者耶。』謹記此以誌謝三君。

(二)久抱著中國學術史之志。遷延未成。此書既脫稿。諸朋好益相督責。謂當將清代以前學術一併論述。庶可爲向學之士省精力。亦可喚起學問上興味也。於是決意為之。分爲五部。其一。先秦學術。其二。兩漢六朝經學及魏晉玄學。其三。隋唐佛學。其四。宋明理學。其五。則清學也。今所從事者則佛學之部。名曰「中國佛學史」草創正半。欲以一年內成此五部。能否未敢知。勉自策厲而已。故此書遂題爲中國學術史第五種。

(三)本書屬稿之始。本爲他書作序。非獨立著一書也。故其體例不自愜者甚多。既已成編。即復怠於改作。故不名曰「清代學術史」而名曰「清代學術概論。」因著史不能若是之簡陋也。五部完成後。當更改之耳。

九年十一月二十九日　　啓超記

清代學術概論

一

今之恆言曰「時代思潮」此其語最妙於形容凡文化發展之國其國民於一時期中因環境之變遷與夫心理之感召不期而思想之進路同趨於一方嚮於是相與呼應洶湧如潮然始焉其勢甚微幾莫之覺寖假而漲——漲——漲而達於滿度過時焉則落以漸至於衰熄凡「思」非皆能成「潮」能成「潮」者則其「思」必有相當之價值而又適合於其時代之要求者也凡「時代」非皆有「思潮」有思潮之時代必文化昂進之時代也其在我國自秦以來確能成爲時代思潮者則漢之經學隋唐之佛學宋及明之理學清之考證學四者而已

凡時代思潮無不由「繼續的羣衆運動」而成所謂運動者非必有意識有計畫有組織不能分爲誰主動誰被動其參加運動之人員每各不相謀各不相知其從事運動時所任之職役各各不同所採之手段亦互異於同一運動之下往往分無數小支派甚且相嫉視相排擊雖然其中必有一種或數種之共通觀念焉同根據之爲思想之出發點此種觀念之勢力初時本甚微弱愈運動則愈擴大久之則成爲一種權威此觀念者在其時

代中儼然「現宗教之色彩」。一部分人以宣傳捍衛為己任。常以極純潔之犧牲的精神赴之。及其權威漸立。則在社會上成為一種共公之好尚。忘其所以然。而共以此為嗜。若此者。今之譯語。謂之「流行」。古之成語。則曰「風氣」。風氣者。一時的信仰也。人鮮敢嬰之。亦不樂嬰之。其性質幾比宗教矣。一思潮播為風氣。則其成熟之時也。

佛說一切流轉相。例分四期。曰生、住、異、滅。思潮之流轉也正然。例分四期。一啟蒙期(生)。二全盛期(住)。三蛻分期(異)。四衰落期(滅)。無論何國何時代之思潮。其發展變遷。多循斯軌。啟蒙期者。對於舊思潮初起反動之期也。舊思潮經全盛之後。如果之極熟而致爛。如血之凝固而成瘀。則反動不得不起。反動者。凡以求建設新思潮也。然建設必先之以破壞。故此期之重要人物。其精力皆用於破壞。而建設蓋有所未遑。所謂未遑者。非閣置之謂。其建設之主要精神。在此期間必已孕育。如史家所謂「開國規模」者然。雖然其條理未確立。其研究方法正在間錯試驗中。棄取未定。故此期之著作。恆駁而不純。但在殽亂粗糙之中。自有一種元氣淋漓之象。此啟蒙期之特色也。當佛說所謂「生」相。於是進為全盛期。破壞事業已告終。舊思潮屏息慴伏。不復能抗顏行。更無須攻擊防衛以糜精力。而經前期醞釀培灌之結果。思想內容日以充實。研究方法亦日以精密。門戶堂奧次第建樹。繼長增高。「宗廟之美百官之富」粲然矣。一世才智之士。以此為好尚。相與淬厲精進。閫冗者猶希聲附和。以不獲廁於其林為恥。此全盛期之特色也。當佛說所謂「住」相。更進則入於蛻分期。境界國土。為前期人士開闢殆盡。然學者之聰明才力。終不能無所用也。只取得局部問題。為「窄而深」的研究。或去其研究方法。應用之於別方面。於是派中小派出焉。而其時之環境。必有以異乎前。晚出之派。進取氣較盛。易與環境順應。故往往以附庸蔚為大國，則新衍之別派與舊傳之正統派成對峙之形勢，或且駸駸乎奪其席，此蛻化期之特色也，當佛說所謂「異」相。過此以往，則衰落期至焉。凡一學派當全盛之後，社會中希附末光者日衆，陳陳相因，固已可厭；其時此派中精要之義，則先輩已濬發無餘，承其流者，不過捃摭末節以弄詭辯；且支派分裂，排軋隨之，益自暴露其缺點。環境既已變易，社會需要別轉一方向，而猶欲以全盛期之權威臨之，則稍有志者必不樂受，而豪傑之士，欲拓新必先推舊，遂以彼為破壞之目標，於是入於第二思潮之啟蒙期，而此思潮遂告終焉。此衰落期無可逃避之運命，當佛說所謂「滅」相。

吾觀中外古今之所謂「思潮」者，皆循此歷程以遞相流轉，而有清三百年，則其最切著之例證也。

二

「清代思潮」果何物耶？簡單言之，則對於宋明理學之一大反動，而以「復古」為其職志者也。其動機及其內容，皆與歐洲之「文藝復興」絕相類。而歐洲當「文藝復興期」經過以後所發生之新影響，則我國今日正見端焉。其盛衰之跡，恰如前節所論之四期。

其啟蒙期運動之代表人物，則顧炎武、胡渭、閻若璩也。其時正值晚明王學極盛而敝之後，學者習於「束書不觀，游談無根」，理學家不復能繫社會之信仰。炎武等乃起而矯之，大倡「舍經學無理學」之說，教學者脫宋明儒羈勒，直接反求之於古經；而若璩辨偽經，喚起「求真」觀念；渭攻「河洛」，掃架空說之根據；於是清學之規模立焉。同時對於明學之反動，尚有數種方向：其一，顏元、李塨一派，謂『學問固不當求諸瞑想，亦不當求諸書冊惟當於日常行事中求之』而劉獻廷以孤往之姿其得力處亦略近於此派其二黃宗羲萬斯同一派以史學爲根據而推之於當世之務顧炎武所學本亦具此精神而黃萬輩規模之大不逮顧故專向此一方面發展同時顧祖禹之學亦大略同一逕路其後則衍爲全祖望章學誠等於淸學爲別派其三王錫闡梅文鼎一派專治天算開自然科學之端緒焉此諸派者其硏究學問之方法皆與明儒根本差異除顏李一派中絕外其餘皆有傳於後而顧閻胡「尤爲正統派」不祧之大宗其猶爲舊學(理學)堅守殘壘效死勿去者則有孫奇逢李中孚陸世儀等而其學風已由明而漸返於宋卽諸新學家其思想中留宋人之痕跡猶不少故此期之復古可謂由明以復於宋且漸復於漢唐

其全盛運動之代表人物則惠棟戴震段玉裁王念孫王引之也吾名之曰正統派試舉啓蒙派與正統派相異之點、一啓蒙派對於宋學一部分猛烈攻擊而仍因襲其一部分正統派則自固壁壘將宋學置之不議不論之列二啓蒙派抱通經致用之觀念故喜言成敗得失經世之務正統派則爲考證而考證爲經學而治經學正統派之中堅在皖與吳開吳者惠開皖者戴惠棟受學於其父士奇其弟子有江聲余蕭客而王鳴盛錢大昕汪中劉台拱江藩等皆汲其流戴震受學於江永亦事棟以先輩禮震之在鄉里衍其學者有金榜程瑤田淩廷堪三胡——匡衷培翬春喬——等其教於京師弟子之顯者有任大椿盧文弨孔廣森段玉裁王念孫念孫以授其子引之玉裁念孫引之最能光大震學世稱戴段二王焉其實淸儒最惡立門戶不喜以師弟相標榜凡諸大師皆交相師友更無派別可言也惠戴齊名而惠尊聞好博戴深刻斷制惠僅「述者」而戴則「作者」也受其學者成就之大小亦因以異故正統派之盟主必推戴當時學者承流向風各有建樹者不可數計而紀昀王昶畢沅阮元輩．皆處貴要．傾心宗尚．隱若護法．於是茲派稱全盛焉．其治學根本方法．在「實事求是」「無徵不信」．其研究範圍．以經學爲中心．而衍及小學音韻史學天算水地典章制度金石校勘輯逸等等．而引證取材．多極於兩漢．故亦有「漢學」之目．當斯時也．學風殆統於一．啓蒙期之宋學殘緒．亦莫能續．僅有所謂古文家者．假「因文見道」之名．欲承其祧．時與漢學爲難．然志力兩薄．不足以張其軍．

其蛻分期運動之代表人物．則康有爲梁啓超也．當正統派全盛時．學者以專經爲尚．於是有莊存與．始治春秋公羊傳有心得．而劉逢祿龔自珍最能傳其學．公羊傳者．「今文學」也．東漢時本有今文古文之爭．甚烈．詩之毛傳．春秋之左傳．及周官．皆晚出稱古文．學者不信之．至漢末而古文學乃盛．自閻若璩攻僞古文尚書得勝．漸開學者疑經之風．於是劉逢祿大疑春秋左氏傳．魏源大疑詩毛氏傳．若周官．則宋以來固多疑之矣．康有爲乃綜集諸家說．嚴畫今古文分野．謂凡東漢晚出之古文經傳．皆劉歆所僞造．正統派所最尊崇之許鄭．皆在所排擊．則所謂復古者．由東漢以復於西漢．有爲又宗公羊．立「孔子改制」說．謂六經皆孔子所作．堯舜皆孔子依託．而先秦諸子．亦罔不「託古改制」．實極大膽之論．對於數千年經籍．謀一突飛的大解放．以開自由研究之門．其弟子最著者．陳千秋梁啓超．千秋早卒．啓超以教授著述．大弘其學．然啓超與正統派因緣較深．時時不慊於其師之武斷．故末流多有異同．有爲啓超皆抱啓蒙期「致用」的觀念．借經術以文飾其政論．頗失「爲經學而治經學」之本意．故其業不昌．而轉成爲歐西思想輸入之導引．

清學之蛻分期．同時即其衰落期也．顧閻胡惠戴段二王諸先輩．非特學識淵粹卓絕．即行誼亦至狷潔．及其學既盛．舉國希聲附和．浮華之士．亦競趨焉．固已漸爲社會所厭．且茲學犖犖諸大端．爲前人發揮略盡．後起者率因襲補苴無復創作精神即有發明亦皆末節漢人所謂碎義逃難也而其人猶自倨貴儼成一種「學閥」之觀今古文之爭起互相詆諆缺點益暴露海通以還外學輸入學子憬然於竺舊之非計相率吐棄之其運命自不能以復久延然在此期中猶有一二大師焉爲正統派死守最後之壁壘曰俞樾曰孫詒讓皆得統於高郵王氏樾著書惟二三種獨精絕餘乃類無行之袁枚亦衰落期之一徵也詒讓則有醇無疵得此後殿清學有光矣樾弟子有章炳麟智過其師然亦好談政治稍荒厥業而績谿諸胡之後有胡適者亦用清儒方法治學有正統派遺風

綜觀二百餘年之學史其影響及於全思想界者一言蔽之曰「以復古爲解放」第一步復宋之古對於王學而得解放第二步復漢唐之古對於程朱而得解放第三步復西漢之古對於許鄭而得解放第四步復先秦之古對於一切傳注而得解放夫既已復先秦之古則非至對於孔孟而得解放焉不止矣然其所以能著著奏解放之效者則科學的研究精神實啓之今清學固衰落矣「四時之運成功者退」其衰落乃勢之必然亦事之有益者也無所容其痛惜留戀惟能將此研究精神轉用於他方向則清學亡而不亡也矣

略論既竟今當分說各期

三

吾言『清學之出發點在對於宋明理學一大反動』夫宋明理學何為而招反動耶學派上之「主智」與「主意」「唯物」與「唯心」「實驗」與「冥證」每迭為循環大抵甲派至全盛時必有流弊有流弊斯有

反動而乙派與之代興乙派之由盛而弊而反動亦然然每經一度之反動再興則其派之內容必革新焉而有以異乎其前人類德慧智術之所以進化胥恃此也此在歐洲三千年學術史中其大勢最著明我國亦不能違此公例而明清之交則其嬗代之跡之尤易見者也

唐代佛學極昌之後宋儒採之以建設一種「儒表佛裏」的新哲學至明而全盛此派新哲學在歷史上有極大之價值自無待言顧吾輩所最不慊者其一既採取佛說而損益之何可諱其所自出而反加以醜詆其二所創新派既並非孔孟本來面目何必附其名而淆其實是故吾於宋明之學認其獨到且有益之處確不少但對於其建設表示之形式不能曲恕謂其既誣孔且誣佛而並以自誣也明王守仁爲茲派晚出之傑而其中此習氣也亦更甚卽如彼所作朱子晚年定論強指不同之朱陸爲同實則自附於朱且誣朱從我此種習氣爲思想界之障礙者有二一曰遏抑創造一學派既爲我所自創何必依附古人以爲重必依附古人豈非謂生古人後者便不應有所創造耶二曰獎厲虛僞古人之說誠如是則宗述之可也並非如是而以我之所指者實之此無異指鹿爲馬淆亂眞相於學問爲不忠實宋明學之根本缺點在於是

進而考其思想之本質則所研究之對象乃純在紹紹靈靈不可捉摸之一物少數俊拔篤摯之士曷嘗不循此道而求得身心安宅然效之及於世者已鮮而浮僞之輩摭拾虛辭以相夸煽乃甚易易故晚明「狂禪」一派至於「滿街皆是聖人」「酒色財氣不礙菩提路」道德且墮落極矣重以制科帖括籠罩天下學者但習此種影響因襲之談便足以取富貴弋名譽舉國靡然化之則相率於不學且無所用心故晚明理學之弊恰如歐洲中世黑暗時代之景教其極也能使人之心思耳目皆閉塞不用獨立創造之精神消蝕達於零度夫人類之

有「學問慾」其天性也.「學問飢餓」至於此極.則反動其安得不起.

四

當此反動期而從事於「黎明運動」者.則崑山顧炎武其第一人也.炎武對於晚明學風.首施猛烈之攻擊.而歸罪於王守仁.其言曰.

『今之君子聚賓客門人數十百人.與之言心言性.舍「多學而識」以求「一貫」之方.置「四海困窮」不言而講「危微精一」我弗敢知也.』(亭林文集答友人論學書)

又曰.

『今之學者.偶有所窺.則欲盡廢先儒之說而駕其上.不學則借一貫之言以文其陋.無行則逃之性命之鄉以使人不可詰.』(日知錄十八)

又曰.

『以一人而易天下.其流風至於百有餘年之久者.古有之矣.王夷甫之清談.王介甫之新說.其在於今.則王伯安之良知是也.孟子曰.「天下之生久矣.一治一亂」撥亂世反諸正.豈不在後賢乎.』(同上)

凡一新學派初立.對於舊學派.非持絕對嚴正的攻擊態度.不足以摧故鋒而張新軍.炎武之排斥晚明學風.其鋒芒峻露.大率類是.自茲以後.王學遂衰熄.清代猶有襲理學以爲名高者.則皆自託於程朱之徒也.雖曰王學末流極敝.使人心厭倦.本有不摧自破之勢.然大聲疾呼以促思潮之轉捩.則炎武最有力焉.

炎武未嘗直攻程朱．根本不承認理學之能獨立．其言曰

『古今安得別有所謂理學者．經學卽理學也．自有舍經學以言理學者．而邪說以起．』（全祖望亭林先生神道表引）

「經學卽理學」一語．則炎武所創學派之新旗幟也．其正當與否．且勿深論——以吾儕今日眼光觀之．此語有兩病．其一．以經學代理學．是推翻一偶像而別供一偶像．其二．理學卽哲學也．實應離經學而爲一獨立學科．——雖然．有淸一代學術．確在此旗幟之下而獲一新生命．昔有非笑六朝經師者．謂『寧說周孔誤．不言鄭服非．』宋元明以來之談理學者亦然．寧得罪孔孟．不敢議周程張邵朱陸王．有議之者．幾如在專制君主治下犯大不敬律也．而所謂理學家者．蓋儼然成一最尊貴之學閥而奴視羣學．自炎武此說出．而此學閥之神聖．忽爲革命軍所粉碎．此實四五百年來思想界之一大解放也．

凡啓蒙時代之大學者．其造詣不必極精深．但常規定研究之範圍．創革研究之方法．而以新銳之精神貫注之．顧炎武之在「淸學派」．卽其人也．炎武著述．其有統系的組織而手定成書者．惟音學五書耳．其天下郡國利病書．肇域志．造端宏大．僅有長編．未爲定稿．日知錄爲生平精力所集注．則又筆記備忘之類耳．自餘遺書尚十數種．皆明單義．幷非鉅裁．然則炎武所以能當一代開派宗師之名者何在．則在其能建設研究之方法而已．約舉有三．

一曰貴創．炎武之言曰『有明一代之人．其所著書無非竊盜而已．』（日知錄十八）其論著書之難曰『必古人所未及就．後世之所不可無．而後爲之．』（日知錄十九）其日知錄自序云『愚自少讀書．有所得輒記之．其有不合時復改定．或古人先我而有者．則遂削之．』故凡炎武所著書．可決其無一語蹈襲古人．其論文也亦

然曰，『近代文章之病，全在摹倣，即使逼肖古人，已非極詣』（日知錄十九）又曰，『君詩之病，在於有杜，君文之病，在於有韓歐，有此蹊徑於胸中，便終身不脫依傍二字』（亭林文集與人書十七）觀此知摹倣依傍，炎武所最惡也。

二曰博證。四庫全書日知錄提要云，『炎武學有本原，博贍而能貫通，每一事必詳其始末，參以證佐，而後筆之於書，故引據浩繁而牴牾者少』此語最能傳炎武治學法門。全祖望云，『凡先生之遊，載書自隨，所至阨塞，卽呼老兵退卒，詢其曲折，或與平日所聞相合，卽發書而對勘之』（鮚埼亭集亭林先生神道表）蓋炎武研學之要訣在是。論一事必舉證，尤不以孤證自足，必取之甚博，證備然後自表其所信。其自述治音韻之學也，曰『……列本證旁證二條。本證者，詩自相證也，旁證者，采之他書也。二者俱無，則宛轉以審其音，參伍以諧其韻……』（音論）此所用者，皆近世科學的研究法。乾嘉以還，學者固所共習，在當時則固炎武所自創也。

三曰致用。炎武之言曰，『孔子刪述六經，卽伊尹太公救民水火之心，故曰「載諸空言，不如見諸行事」……愚不揣有見於此，凡文之不關於六經之指，當世之務者，一切不爲』（亭林文集與人書二）彼誠能踐其言，其終身所撰著，蓋不越此範圍。其所謂「用」者果眞爲有用與否，此屬別問題，要之其標「實用主義」以爲鵠，務使學問與社會之關係增加密度，此實對於晚明之帖括派淸談派施一大針砭。淸代儒者以樸學自命，以示別於文人，實炎武啓之。最近數十年以經術而影響於政體，亦遠紹炎武之精神也。

汪中嘗擬爲國朝六儒頌其人則崑山顧炎武德清胡渭宣城梅文鼎太原閻若璩元和惠棟休寧戴震也其言曰「古學之興也顧氏始開其端河洛矯誣至胡氏而絀中西推步至梅氏而精力攻古文者閻氏也專言漢儒易者惠氏也凡此皆千餘年不傳之絕學及戴氏出而集其成焉」（凌廷堪校禮堂集汪容甫墓志銘）其所推挹蓋甚當六君者洵清儒之魁也然語於思想界影響之鉅則吾於顧戴之外獨推閻胡

閻若璩之所以偉大在其尙書古文疏證也胡渭之所以偉大在其易圖明辨也汪中則旣言之矣夫此兩書所研究者皆不過局部問題曷爲能影響於思想界之全部且其書又不免漏略蕪雜爲後人所糾者不少——阮元輯學海堂經解兩書皆擯不錄——曷爲推尊之如是其至吾固有說

尙書古文疏證專辨東晉晚出之古文尙書十六篇及同時出現之孔安國尙書傳皆爲僞書也此書之僞自宋朱熹元吳澄以來旣有疑之者顧雖積疑然有所憚而莫敢斷自若璩此書出而讞乃定夫辨十數篇之僞書則何關輕重殊不知此僞書者千餘年來舉國學子人人習之七八歲便都上口心目中恒視爲神聖不可侵犯歷代帝王經筵日講臨軒發策咸所依據尊尙毅然悍然辭而闢之非天下之大勇固不能矣自漢武帝表章六藝罷黜百家以來國人之對於六經只許徵引只許解釋不許批評研究韓愈所謂「曾經聖人手議論安敢到」若對於經文之一字一句稍涉擬議便自覺陷於「非聖無法」蹙然不自安於其良心非特畏法網憚清議而已凡事物之含有宗教性者例不許作爲學問上研究之問題一作爲問題其神聖之地位固已搖動矣今不唯成爲問題而已而研究之結果乃知疇昔所共奉爲神聖者其中一部分實糞土也則人心之受刺激起驚愕而生變化宜何如者蓋自茲以往而一切經文皆可以成爲研究之問題矣再進一步而一切經義皆可以成爲研

究之問題矣以舊學家眼光觀之直可指爲人心世道之憂——當時毛奇齡著古文尙書寃詞以難閻自此於抑洪水驅猛獸光緒間有洪良品者猶著書數十萬言欲翻閻案意亦同此——以吾儕今日之眼光觀之則誠思想界之一大解放後此今古文經對待研究成爲問題六經諸子對待研究成爲問題中國經典與外國宗教哲學諸書對待研究成爲問題其最初之動機實發於此

胡渭之易圖明辨大旨辨宋以來所謂河圖洛書者傳自邵雍雍受諸李之才之才受諸道士陳摶非羲文周孔所有與易義無關此似更屬一局部之小問題吾輩何故認爲與閻書有同等之價值耶須知所謂「無極」「太極」所謂河圖洛書實組織「宋學」之主要根核宋儒言理言氣言數言命言心言性無不從此衍出周敦頤自謂「得不傳之學於遺經」程朱輩祖述之謂爲道統所攸寄於是占領思想界五六百年其權威幾與經典相埒渭之此書以易還諸羲文周孔以圖還諸陳邵幷不爲過情之抨擊而宋學已受「致命傷」自此學者乃知宋學自宋學孔學自孔學離之雙美合之兩傷（此胡氏自序中語）自此學者乃知欲求孔子所謂眞理舍宋人所用方法外尙別有其途不寧唯是我國人好以「陰陽五行」說經說理不自宋始蓋漢以來已然一切惑世誣民汨靈窒智之邪說邪術皆緣附而起胡氏此書乃將此等異說之來歷和盤托出使其不復能依附經訓以自重此實思想之一大革命也

歐洲十九世紀中葉英人達爾文之種源論法人雷能之耶穌基督傳先後兩年出版而全歐思想界爲之大搖基督教所受影響尤劇夫達爾文自發表其生物學上之見解於教宗何與然而被其影響者教義之立脚點破也雷能之傳極推挹基督然反損其信仰者基督從來不成爲學問上之問題自此遂成爲問題也明乎此間消

息則閻胡兩君之書在中國學術史上之價值可以推見矣。

若論淸學界最初之革命者，尙有毛奇齡其人。其所著河圖原舛篇太極圖說遺議等，皆在胡渭前後。此淸儒所治諸學，彼亦多引其緒。但其言古音則詆顧炎武，言尙書則詆閻若璩，故漢學家祧之不宗焉。全祖望爲毛西河別傳，謂『其所著書有造爲典故以欺人者，有造爲師承以示人有本者，有前人之誤已經辨正尙襲其誤而不知者，有信口臆說者，有不考古而妄言者，有前人之言本有出而妄斥爲無稽者，有改古書以就己者。』祖望於此諸項，每項舉一條爲例，更著有蕭山毛氏糾繆十卷。平心論之，毛氏在啓蒙期不失爲一衝鋒陷陣之猛將。但於「學者的道德」缺焉，後儒不宗之宜耳。

同時有姚際恆者，其懷疑精神極熾烈，疑古文尙書，疑周禮，疑詩序，乃至疑孝經，疑易傳十翼。其所著諸經通論未之見，但其古今僞書考，列舉經史子部疑僞之書共數十種，中固多精鑿之論也。

六

吾於淸初大師，最尊顧、黃、王、顏，皆明學反動所產也。顧爲正統派所自出，前旣論列，今當繼述三子者。

餘姚黃宗羲，少受學於劉宗周，純然明學也。中年以後，方嚮一變。其言曰：『明人講學，襲語錄糟粕，不以六經爲根柢，束書而從事於游談，更滋流弊。故學者必先窮經。然拘執經術，不適於用，欲免迂儒，必兼讀史。』（淸史黃宗羲傳）又曰：『讀書不多，無以證理之變化；多而不求於心，則爲俗學。』（全祖望鮚埼亭集黃梨洲先生神道碑）大抵淸代經學之祖推炎武，其史學之祖當推宗羲。所著明儒學案，中國之有「學術史」自此始也。又好治天算，著書八種，全祖望謂

『梅文鼎本周髀言天文世驚爲不傳之祕而不知宗羲實開之』其律呂新義開樂律研究之緒其易學象數論與胡渭易圖明辨互相發明其授書隨筆則答閻若璩問也故閻胡之學皆受宗羲影響其他學亦稱是

清初之儒皆講「致用」所謂「經世之務」是也宗羲以史學爲根柢故言之尤辯其最有影響於近代思想者則明夷待訪錄也其言曰

『後之爲君者以天下之利盡歸於己天下之害盡歸於人……使天下之人不敢自私不敢自利以我之大私爲天下之公……視天下爲莫大之產業……凡天下之無地而得安寧者爲有君也……天下之人怨惡其君視之爲寇讎名之爲獨夫固其所也而小儒規規焉以君臣之義無所逃於天地之間至桀紂之暴猶謂不當誅……欲以如父如天之空名禁人窺伺』(原君)

又曰

『後之人主既得天下唯恐其子孫之不能保有也思患於未然而爲之法然則其所謂法者一家之法而非天下之法也……夫非法之法前王不勝其利欲之私以創之後王或不勝其利欲之私以壞之壞之者固足以害天下其創之者亦未始非害天下也……論者謂有治人無治法吾謂有治法而後有治人』(原法)

此等論調由今日觀之固甚普通甚膚淺然在二百六七十年前則眞極大膽之創論也故顧炎武見之而歎謂「三代之治可復」而後此梁啓超譚嗣同輩倡民權共和之說則將其書節鈔印數萬本祕密散布於晚清思想之驟變極有力焉

清代史學極盛於浙鄞縣萬斯同最稱首出斯同則宗羲弟子也唐以後之史皆官家設局分修斯同最非之謂

『官修之史倉猝成於衆人猶招市人與謀室中之事』（錢大昕潛研堂集萬季野先生傳）以獨力成明史稿論者謂遷固以後一人而已其後斯同同縣有全祖望亦私淑宗羲言「文獻學」者宗焉會稽有章學誠著文史通義學識在劉知幾鄭樵上

衡陽王夫之生於南荒學無所師承且國變後遁跡深山與一時士夫不相接故當時無稱之者然亦因是戛戛獨有所造其攻王學甚力嘗曰『侮聖人之言小人之大惡也……姚江之學橫拈聖言之近似者摘一句一字以爲要妙竄入其禪宗尤爲無忌憚之至』（俟解）又曰『數傳之後愈徇跡而忘其眞或以鉤考文句分支配擬爲窮經之能僅資場屋射覆之用其偏者以臆測度趨入荒杳』（中庸補傳衍）遺書中此類之論甚多皆感於明學之極敝而生反動欲挽明以返諸宋而於張載之正蒙特推尙焉其治學方法已漸開科學研究的精神嘗曰『天下之物理無窮已精而又有其精者隨時以變而皆不失於正但信諸己而卽執之云何得當況其所爲信諸己者又或因習氣或守一先生之言而漸漬以爲己心乎』（俟解）

夫之著書極多同治間金陵刻本二百八十八卷猶未逮其半皆不落「習氣」不「守一先生之言」其讀通鑑論宋論往往有新解爲近代學子所喜誦習尤能爲深沈之思以撢繹名理其張子正蒙注老子衍莊子解皆覃精之作蓋欲自創一派哲學而未成也其言『天理卽在人欲之中無人欲則天理亦無從發現』（正蒙注）可謂發宋元以來所未發後此戴震學說實由茲衍出故劉獻廷極推服之謂『天地元氣聖賢學脈僅此一線』（廣陽雜記二）其鄉後學譚嗣同之思想受其影響最多嘗曰『五百年來學者眞通天人之故者船山一人而已』（仁學卷上）尤可注意者遺書目錄中有相宗絡索及三藏法師八識規矩論贊二書（未刻）在彼時以儒者而知

治「唯識宗」可不謂豪傑之士耶

七

顧黃王顏同一「王學」之反動也而其反動所趨之方嚮各不同黃氏始終不非王學但是正其末流之空疏而已顧王兩氏黜明存宋而顧尊考證王好名理若顏氏者則明目張膽以排程朱陸王而亦菲薄傳注考證之學故所謂「宋學」「漢學」者兩皆吐棄在諸儒中尤為挺拔而其學卒不顯於淸世

博野顏元生於窮鄉育於異姓飽更憂患堅苦卓絕其學有類羅馬之「新多噶派」其對於舊思想之解放最為徹底嘗曰

『立言但論是非不論異同是則一二人之見不可易也非則雖千萬人所同不隨聲也豈惟千萬人雖百千年同迷之局我輩亦當以先覺覺後竟不必附和雷同也』（鍾錂著顏習齋言行錄學問篇）

其尊重自己良心確乎不可拔也如此其對於宋學為絕無閃縮之正面攻擊其言曰

『予昔尙有將就程朱附之聖門支派之意自一南遊見人人禪子家家虛文直與孔門對敵必破一分程朱始入一分孔孟乃定以為孔孟與程朱判然兩途不願作道統中鄉愿矣』（李塨著顏習齋先生年譜卷下）

然則元之學之所以異於宋儒者何在耶故其最要之旨曰『習行於身者多勞枯於心者少』（年譜卷下）彼引申其義曰『人之歲月精神有限誦說中度一日便習行中錯一日紙墨上多一分便身世上少一分』（存學編論講學）又曰『宋儒如得一路程本觀一處又觀一處自喜為通天下路程人亦以曉路稱之其實一步未行一處未到

』（年譜卷下）又曰『諸儒之論在身乎在世乎徒紙筆耳則言之悖於孔孟者墜也言之不悖於孔孟者亦墜也』（習齋記餘未墜集序）又曰『譬之於醫有妄人者止務覽醫書千萬卷熟讀詳說以爲予國手矣視診脈製藥針灸爲粗不足學書日博識日精一人倡之舉世效之岐黃盈天下而天下之人病相枕死相接也』（存學編學辨一）又曰『爲愛靜空談之學久必至厭事厭事必至廢事遇事即茫然故誤人才敗天下事者宋學也』（年譜卷下）又曰『書本上見心頭上思可無所不及而最易自欺欺世不特無能其實一無知也』（言行錄卷下）其論學宗旨大率類此

由此觀之元不獨不認宋學爲學並不認漢學爲學明矣元之意蓋謂學問絕不能向書本上或講堂上求之惟當於社會日常行事中求之故其言曰『人之認讀書爲學者固非孔子之學以讀書之學解書並非孔子之書』（言行錄卷下）又曰『後儒將博學改爲博讀博著』（年譜卷下）其所揭櫫以爲學者曰周禮大司徒之「鄉三物」——一、六德知仁聖義忠和二、六行孝友睦婣任卹三、六藝禮樂射御書數——而其所實行者尤在六藝故躬耕習醫學技擊學兵法習禮習樂其教門人必使之各執一藝「勞作神聖」之義元之所最信仰也其言曰『養身莫善於習動夙興夜寐振起精神尋事去做』（言行錄卷上）曰『生存一日當爲生民辦事一日』（年譜卷下）質而言之爲做事故求學問做事即是學問舍做事外別無學問此元之根本主義也以實學代虛以動學代靜學以活學代死學與最近教育新思潮最相合但其所謂實所謂動所謂活者究竟能免於虛靜與死否耶此則時代爲之未可以今日社會情狀繩古人矣

元弟子最著者曰李塨曰王源皆能實踐其教然元道太刻苦類墨氏傳者卒稀非久遂中絕

八

我國科學最昌明者。惟天文算法。至淸而尤盛。凡治經學者多兼通之。其開山之祖。則宣城梅文鼎也。杭世駿謂『自明萬曆中利瑪竇入中國。製器作圖頗精密。……學者張皇過甚。無暇深考中算源流。輒以世傳淺術。謂古九章盡此。於是薄古法為不足觀。而或者株守舊聞。遽斥西人為異學。兩家遂成隔閡。鼎集其書而為之說。稍變從我法。若三角比例等。原非中法可該。特為表出。古法方程。亦非西法所有。則專著論以明古人精意。』（杭世駿道古堂集梅定九徵君傳）文鼎著書八十餘種。其精神大率類是。知學問無國界。故無主奴之見。其所創獲甚多。自言『吾為此學。皆歷最艱苦之後而後得簡易。……惟求此理大顯。絕學不知無傳。則死且不憾。』（同上）蓋粹然學者態度也。

淸代地理學亦極盛。然乾嘉以後。率偏於考古。且其發明多屬於局部的。以云體大思精。至今蓋尚無出無錫顧祖禹讀史方輿紀要上者。魏禧評之曰『職方廣輿諸書。襲謬踵訛。名實乖錯。悉據正史考訂折衷之。此數千百年所絕無僅有之書也。……貫穿諸史。出以己所獨見。其深思遠識。在語言文字之外。』（魏禧叔子集讀史方輿紀要叙）祖禹為此書。年二十九始屬稿。五十乃成。無一日中輟。自言『舟車所經。必覽城郭。按山川。稽里道。問關津。以及商旅之子。征戍之夫。或與從容談論。考覈異同。』（讀史方輿紀要自叙）蓋純然現代科學精神也。

淸初有一大學者。而其學無傳於後者。曰大興劉獻廷。王源表其墓曰『……脫身徧歷九州。覽其山川形勢。訪遺佚。交其豪傑。觀其土俗。博採軼事。以益廣其聞見。而質證其所學。……討論天地陰陽之變。霸王大略。兵法。文章典制。方域要害。……於禮樂象緯醫藥書數法律農桑火攻器製。旁通博考。浩浩無涯涘。』（王源居業堂集劉處士墓表）

而全祖望述其遺著有新韻譜者最爲精奇全氏曰

「繼莊（獻廷）自謂於聲音之道別有所窺足窮造化之奧百世而不惑嘗作新韻譜其悟自華嚴字母入而參以天竺陀羅尼泰西臘頂話小西天梵書暨天方蒙古女直等音又證之以遼人林益長之說而益自信同時吳修齡自謂蒼頡以後第一人繼莊則曰是其於天竺以下書皆未得通而但略見華嚴之旨者也繼莊之法先立鼻音二以爲韻本有開有合各轉陰陽上去入之五音——陰陽即上下二平——共十聲而不歷喉腭舌齒脣之七位故有橫轉無直送則等韻重疊之失去矣次定喉音四爲諸韻之宗而後知臘頂話女直國書梵音尚有未精者以四者爲正喉音而從此得半音轉音伏音送音變喉音又以二鼻音分配之一爲東北韻宗一爲西南韻宗八韻立而四海之音可齊於是以喉音互相合凡得音十七喉音與鼻音互相合凡得音十又以有餘不盡者三合之凡得音五共計三十音爲韻父而韻歷二十二位爲韻母橫轉各有五子而萬有不齊之聲攝於此矣又欲譜四方土音以窮宇宙元音之變乃取新韻譜爲主而以四方土音塡之逢人便可印正」（全祖望鮚埼亭集劉繼莊傳）

蓋自唐釋守溫始謀爲中國創立新字母直至民國七年教育部頒行注音字母垂閱千年而斯業乃成而中間最能覃思而具其條理者則獻廷也使其書而傳於後則此問題或早已解決而近三十年來學者或可省許多研究之精力然猶幸而有全氏傳其匡略以資近代學者之取材今注音字母采其成法不少則固受賜多矣全氏又述獻廷關於地理關於史學關於宗法之意見而總論之曰「凡繼莊所撰著其運量皆非一人一時所能成故雖言之甚殷而難於畢業」斯實然也然學問之道固未有成之於一人一時者在後人能否善襲遺產以

光大之而已彼獻廷之新韻譜豈非閟三百年而竟成也哉獻廷嘗言曰『人苟不能斡旋氣運利濟天下徒以其知能爲一身家之謀則不能謂之人』（王源墓表引）其學問大本可概見惜乎當時莫能傳其緒也獻廷書今存者惟一廣陽雜記實涉筆漫錄之作殆不足以見獻廷

同時有太原傅山者以任俠聞於鼎革之交國變後馮銓魏象樞嘗薦之幾以身殉遂易服爲道士有問學者則告之曰『老夫學莊列者也於此間諸仁義事實羞道之』（全祖望鮚埼亭集傅青主事略）然史家謂『其學大河以北莫能及者』（吳翔鳳人史）

九

綜上所述可知啓蒙期之思想界極複雜而極絢爛其所以致此之原因有四

第一、承明學極空疏之後人心厭倦相率返於沈實

第二、經大亂後社會比較的安寧故人得有餘裕以自厲於學

第三、異族入主中夏有志節者恥立乎其朝故刊落聲華專集精力以治樸學

第四、舊學派權威既墜新學派系統未成無「定於一尊」之弊故自由研究之精神特盛

其研究精神因環境之衝動所趨之方向亦有四

第一、因矯晚明不學之弊乃讀古書愈讀而愈覺求眞解之不易則先求諸訓詁名物典章制度等等於是考證一派出

第二、當時諸大師皆遺老也。其於宗社之變，類含隱痛，志圖匡復，故好研究古今史蹟成敗地理阨塞，以及其他經世之務。

第三、自明之末葉利瑪竇等輸入當時所謂西學者於中國，而學問研究方法上生一種外來的變化。其初惟治天算者宗之，後則漸應用於他學。

第四、學風既由空返實，於是有從書上求實者，有從事上求實者。南人明敏多條理，故向著作方面發展；北人樸愨堅卓，故向力行方面發展。

此啓蒙期思想發展途徑之大概也。

然則第二期之全盛時代，獨所謂正統派者（考證學）充量發達，餘派則不盛或全然中絕，其故何耶？以吾所思，原因亦有四。

一、顏李之力行派，陳義甚高，然未免如莊子評墨子所云『其道大觳，恐天下不堪』。（天下篇）此等苦行，惟有宗敎的信仰者能踐之，然已不能責望之於人。顏元之教，既絕無「來生的」「他界的」觀念，在此現實界而惟恃極單純極嚴冷的道德義務觀念，教人犧牲一切享樂，本不能成爲天下之達道。元之學所以一時尙能光大者，因其弟子直接受彼之人格的感化，一再傳後，感化力遞減，其漸歸衰滅，乃自然之理。況其所謂實用之「藝」，因社會變遷，非皆能周於用，而彼所最重者在「禮」，所謂「禮」者，二千年前一種形式，萬非今日所能一一實踐。既不能，則實者乃反爲虛矣。此與當時求實之思潮，亦不相吻合，其不能成爲風氣也固宜。

二、吾嘗言當時「經世學派」之昌，由於諸大師之志存匡復。諸大師始終不爲清廷所用，固已大受猜忌，其後文字獄頻興學者漸惴惴不自保凡學術之觸時諱者不敢相講習然英拔之士其聰明才力終不能無所用也詮釋故訓究索名物眞所謂「於世無患與人無爭」學者可以自藏焉又所謂經世之務者固當與時消息過時焉則不適用治此學者既未能立見推行則藏諸名山終不免成爲一種空論等是空論則浮薄之士何嘗不可馳說以自附附者衆則亂眞而見厭矣故乾嘉以降此派衰熄卽治史學地理學者亦全趨於考證方面無復以議論行之矣

三、凡欲一種學術之發達其第一要件在先有精良之研究法清代考證學顧閻胡惠戴諸師實闢出一新途徑俾人人共循賢者識大不賢識小皆可勉焉中國積數千年文明其古籍實有研究之大價值如金之蘊於礦者至豐也而又非研究之後加以整理則不能享其用如在礦之金非開採磨治焉不得也故研究法一開學者既感其有味又感其必要遂靡然嚮風焉愈析而愈密愈濬而愈深蓋此學派在當時饒有開拓之餘地凡加入派中者苟能忠實從事不拘大小而總可以有所成所以能拔異於諸派而獨光大也

四、清學之研究法既近於「科學的」則其趨嚮似宜向科學方面發展今專用之於考古除算學天文外一切自然科學皆不發達何也凡一學術之興一面須有相當之歷史一面又乘特殊之機運我國數千年學術皆集中社會方面於自然界方面素不措意此無庸爲諱也而當時又無特別動機使學者精力轉一方嚮且當考證新學派初興可開拓之殖民地太多才智之士正趨焉自不能分力於他途天算者經史中所固有也故能以附庸之資格連帶發達而他無聞焉其實歐洲之科學亦直至近代而始昌明在彼之「文藝復興」時其學風亦偏於考古蓋學術進化必經之級應如是矣

右述啓蒙期竟，次及全盛期。

十

啓蒙期之考證學，不過居一部分勢力。全盛期則占領全學界。故治全盛期學史者，考證學以外，殆不必置論。啓蒙期之考證學，不過粗引端緒，其研究法之漏略者，不一而足。——例如閻若璩之尚書古文疏證中多闌入日記信札之類，體例極蕪雜；胡渭之禹貢錐指多經濟談，且漢宋雜糅，家法不嚴。——苟無全盛期諸賢，則考證學能否成一宗派，蓋未可知。夫無考證學則是無清學也，故言清學必以此時期為中堅。

在此期中，此學派已成為「羣衆化」，派中有力人物甚多，皆互相師友，其學業亦極「單調的」，無甚派別之可持紀。故吾欲專敍一二人以代表其餘。當時鉅子，共推惠棟、戴震，而戴學之精深，實過於惠。今略述二人之著述言論及其傳授之緒，資比較焉。

元和惠棟，世傳經學。祖父周惕，父士奇，咸有著述，稱儒宗焉。棟受家學，益弘其業。所著有九經古義，易漢學，周易述，明堂大道錄，古文尚書考，後漢書補注諸書。其弟子則沈彤、江聲、余蕭客最著。蕭客弟子江藩，著漢學師承記，推棟為斯學正統。實則棟未能完全代表一代之學術，不過門戶壁壘，由彼而立耳。惠氏之學，以博聞強記為入門，以尊古守家法為究竟。士奇於九經、四史、國語、國策、楚辭之文，皆能闇誦，嘗對座客誦史記封禪書終篇，不失一字。（錢大昕潛研堂集惠天牧先生傳）棟受其教，記誦益賅洽。士奇之言曰：

『康成三禮，何休公羊，多引漢法，以其去古未遠。……賈公彥於鄭注……之類，皆不能疏。……夫漢遠於周，

而唐又遠於漢宜其說之不能盡通也況宋以後乎』（禮說）

此可見惠氏家學專以「古今」爲「是非」之標準棟之學其根本精神卽在是其言曰

『漢人通經有家法故有五經師訓詁之學皆師所口授其後乃著竹帛所以漢經師之說立於學官與經並行……古字古言非經師不能辨……是故古訓不可改也經師不可廢也……余家四世傳經咸通古義……因述家學作九經古義一書……』（九經古義首述）

惠派治學方法吾得以八字蔽之曰『凡古必眞凡漢皆好』其言『漢經師說與經並行』意蓋欲尊之使儕於經矣王引之嘗曰『惠定宇先生考古雖勤而識不高心不細見異於今者則從之大都不論是非』（焦氏叢書卷首王伯申手札）可謂知言棟以善易名其治易也於鄭玄之所謂「爻辰」虞翻之所謂「納甲」荀諝之所謂「升降」京房之所謂「世應」「飛伏」與夫「六日七分」「世軌」諸說一一爲之疏通證明汪中所謂「千餘年不傳之絕學」者也以吾觀之此其矯誣與陳摶之「河圖洛書」有何差別然彼則因其宋人所誦習也而排之此則因其爲漢人所倡道也而信之可謂大惑不解然而當時之人蔽焉輒以此相尙江藩者惠派嫡傳之法嗣也其所著國朝漢學師承記末附有國朝經師經義目錄一篇其言曰

『黃宗羲之易學象數論雖闢陳摶康節之學而以納甲動爻爲僞象又稱王輔嗣注簡當無浮義黃宗炎之圖書辨惑力闢宋人然不專宗漢學非篤信之上……胡朏明（渭）洪範正論雖力攻圖書之謬而闢漢學五行災異之說是不知夏侯始昌之洪範五行傳亦出伏生也是以黜之』

此種論調最足以代表惠派宗旨蓋謂凡學說出於漢儒者皆當遵守其有敢指斥者則目爲信道不篤也其後

阮元輯學海堂經解．即以此爲標準．故顧黃閻胡諸名著．多見擯焉．謂其不醇也．平心論之．此派在淸代學術界．功罪參半．篤守家法．令所謂「漢學」者壁壘森固．旗幟鮮明．此其功也．膠固．盲從．褊狹．好排斥異己．以致啓蒙時代之懷疑的精神批評的態度．幾夭閼焉．此其罪也．淸代學術論者．多稱爲「漢學」．其實前此顧黃王顏諸家所治．並非「漢學」．後此戴段二王諸家所治．亦並非「漢學」．其「純粹的漢學」．則惠氏一派．洵足當之矣．夫不問「眞不眞」．惟問「漢不漢」．以此治學．安能通方．況漢儒經說．派別正繁．其兩說絕對不相容者甚多．欲盲從其一．則不得不駁斥其他．棟固以尊漢爲標幟者也．其釋「箕子明夷」之義．因欲揚孟喜說而抑施讎梁邱賀說．乃云．『謬傳流傳．肇於西漢．』（周易述卷五）致方東樹撫之以反脣相稽．（漢學商兌卷下）然則所謂「凡漢皆好」之旗幟．亦終見其不貫徹而已．故苟無戴震．則淸學能否卓然自樹立．蓋未可知也．

十一

休寧戴震受學江永．其與惠棟亦在師友之間．震十歲就傅．受大學章句至「右經一章」以下．問其塾師曰．『此何以知爲孔子之言而曾子述之．又何以知爲曾子之意而門人記之．』師應之曰．『此先儒朱子所注云爾．』又問．『朱子何時人．』曰．『南宋．』又問．『孔子曾子何時人．』曰．『東周．』又問．『周去宋幾何時．』曰．『幾二千年．』又問．『然則朱　何以知其然．』師無以應．（據王昶述庵文鈔戴東原墓志銘）此一段故事．非惟可以說明戴氏學術之出發點．實可以代表淸學派時代精神之全部．蓋無論何人之言．決不肯漫然置信．必求其所以然之故．常從衆人所不注意處覓得間隙．既得間．則層層逼拶．直到盡頭處．苟終無足以起其信者．雖聖哲父師之言不信

也此種研究精神實近世科學所賴以成立而震以童年具此本能其能為一代學派完成建設之業固宜震之言曰

『學者當不以人蔽己不以己自蔽不為一時之名亦不期後世之名有名之見其弊二非掊擊前人以自表暴卽依傍昔賢以附驥尾……私智穿鑿者或非盡掊擊以自表暴積非成是而無從知先入為主而惑以終身或非盡依傍以附驥尾無鄙陋之心而失與之等……』（東原文集答鄭用牧書）

『不以人蔽己不以己自蔽』二語實震一生最得力處蓋學問之難也粗涉其塗未有不為人蔽者及其稍深入力求自脫於人蔽而己旋自蔽矣非廓然卓然鑑空衡平不失於彼必失於此震之破「人蔽」也曰

『志存聞道必空所依傍漢儒訓詁有師承有時亦傅會晉人傅會鑿空益多宋人則恃胸臆以為斷故其襲取者多謬而不謬者反在其所棄……宋以來儒者以己之見硬坐為古聖賢立言之意而語言文字實未之知其於天下之事也以己所謂理強斷行之而事情源委隱曲實未能得是以大道失而行事乖……自以為於心無愧而天下受其咎其誰之咎不知者且以實踐躬行之儒歸焉』（東原集與某書）

其破「己蔽」也曰

『凡僕所以尋求於遺經懼聖人之緒言闇汶於後世也然尋求而有獲十分之見者有未至十分之見者所謂十分之見必徵諸古而靡不條貫合諸道而不留餘議鉅細畢究本末兼察若夫依於傳聞以擬其是擇於衆說以裁其優出於空言以定其論據於孤證以信其通雖溯流可以知源不目睹淵泉所導循根可以達杪不手披枝肆所歧皆未至十分之見也以此治經失不知為不知之意而徒增一惑以滋識者之辨之也……

既深思自得而近之矣然後知孰爲十分之見孰爲未至十分之見如繩繩木昔以爲直者其曲於是可見也
如水準地昔以爲平者其坳於是可見也夫然後傳其信不傳其疑疑則闕庶幾治經不害』（東原集與姚姬傳書）

讀第一段則知目震所治者爲「漢學」實未當也震之所期在「空諸依傍」晉宋學風固在所詆斥矣即漢人亦僅稱其有家法而未嘗教人以盲從錢大昕謂其『實事求是不主一家』（潛研堂集戴震傳）余廷燦謂其『有一字不準六書一字解不通貫羣經即無稽者不信不信必反復參證而後即安以故胸中所得皆破出傳注重圍』（余氏撰戴東原先生事略見國朝耆獻類徵百三十一）此最能傳寫其思想解放之精神讀第二段其所謂十分之見與未至十分之見者即科學家定理與假說之分也科學之目的在求定理然定理必經過假設之階級而後成初得一義未敢信爲眞也其眞之程度或僅一二分而已然姑假定以爲近眞焉而憑藉之以爲研究之點幾經試驗之結果寖假而眞之程度增至五六分七八分卒達於十分於是認爲定理而主張之其不能至十分者或仍存爲假說以俟後人或遂自廢棄之也凡科學家之態度固當如是也震之此論實從甘苦閱歷得來所謂『昔以爲直而今見其曲昔以爲平而今見其坳』實科學研究法一定之歷程而其毅然割捨「傳信不傳疑」又學者社會最主要之道德矣震又言曰

『學有三難淹博難識斷難精審難三者僕誠不足以與於其間其私自持及爲書之大概端在乎是前人之博聞強識如鄭漁仲楊用修諸君子著書滿家淹博有之精審未也……』

戴學所以異於惠學者惠僅淹博而戴則識斷且精審也章炳麟曰『戴學分析條理多密嚴瑮上溯古義而斷以己之律令』（檢論淸儒篇）可謂知言

淩廷堪爲震作事略狀而系以論曰「昔河間獻王實事求是夫實事在前吾所謂是者人不能强辭而非之也吾所謂非者人不能强辭而是之也如六書九數及典章制度之學是也虛理在前吾所謂是者人既可別持一說以爲非吾所謂非者人亦可別持一說以爲是也如義理之學是也』（校禮堂集）此其言絕似實證哲學派之口吻而戴震之精神見焉清學派之精神見焉惜乎此精神僅應用於考古而未能應用於自然科學界則時代爲之也

震常言『知十而皆非眞不若知一之爲眞知也』（段玉裁經韻樓集娛親雅言序引）故其學雖淹博而不泛濫其最專精者曰小學曰曆算曰水地小學之書有聲韻考四卷聲類表十卷方言疏證十三卷爾雅文字考十卷曆算之書有原象一卷曆問二卷古曆考二卷句股割圜記三卷續天文略三卷策算一卷水地之書有水地記一卷校水經注四十卷直隸河渠書六十四卷其他著述不備舉四庫全書天算類提要全出其手他部亦多參與焉而其晚年最得意之作曰孟子字義疏證

孟子字義疏證蓋軼出考證學範圍以外欲建設一「戴氏哲學」矣震嘗言曰

『聖人之道使天下無不達之情求遂其欲而天下治後儒不知情之至於纖微無憾是謂理而其所謂理者同於酷吏所謂法酷吏以法殺人後儒以理殺人駸駸乎舍法而論理死矣更無可救矣』（東原文集卷八與某書）

又曰

『程朱以「理」爲如有物焉得於天而具於心啓天下後世人人凭在己之意見而執之曰「理」以禍斯民更淆以「無欲」之說於得理益遠於執其意見益堅而禍斯民益烈豈理禍斯民哉不自知爲意見也』

（戴氏遺書九附條答彭進士書）

又曰.『宋以前.孔孟自孔孟.老釋自老釋.談老釋者.高妙其言.不依附孔孟.宋以來.孔孟之書盡失其解.儒者雜襲老釋之言以解之.……譬猶子孫未覩其祖父之貌者.誤圖他人之貌爲其貌而事之.所事固己之祖父也.貌則非矣.』（同上）

震欲祛「以釋混儒」「舍欲言理」之兩蔽.故既作原善三篇.復爲孟子字義疏證.疏證之精語曰.

『……記曰「飲食男女人之大欲存焉」.聖人治天下.體民之情.遂民之欲.而王道備.人知老莊釋氏異於聖人.聞其無欲之說.猶未之信也.於宋儒則信以爲同於聖人.理欲之分.人人能言之.故今之治人者.視古聖賢體民之情.遂民之欲.多出於鄙細隱曲.不措諸意.不足爲怪.及其責以理也.不難舉曠世之高節.著於義而罪之.尊者以理責卑.長者以理責幼.貴者以理責賤.雖失.謂之順.卑者幼者賤者以理爭.雖得.謂之逆.於是下之人不能以天下之同情天下所同欲達之於上.上以理責其下.而在下之罪.人人不勝指數.人死於法.猶有憐之者.死於理.其誰憐之.』

又曰.

『孟子言「養心莫善於寡欲」.明乎欲之不可無也.寡之而已.人之生也.莫病乎無以遂其生.欲遂其生.亦遂人之生.仁也.欲遂其生.至於戕人之生而不顧.不仁也.不仁實始於欲遂其生之心.使其無此欲.必無不仁矣.然使其無欲.則於天下之人生道窮蹙.亦將漠然視之.己不必遂其生.而遂人之生.無是情也.』

又曰，

『朱子屢言「人欲所蔽」，凡『欲』無非以生以養之事，「欲」之失爲「私」不爲「蔽」，自以爲得理而所執之實謬乃「蔽」。人之大患「私」與「蔽」而已，「私」生於欲之失，「蔽」生於「知」之失。』

又曰，

『君子之治天下也，使人各得其情，各遂其欲，勿悖於道義；君子之自治也，情與欲使一於道義。夫遏欲之害，甚於防川，絕情去智，充塞仁義。』

又曰，

『古聖賢所謂仁義禮智，不求於所謂欲之外，不離乎血氣心知，而後儒以爲如有別物焉湊泊附著以爲性，由雜乎老釋，終昧於孔孟之言故也。』

又曰，

『問宋儒之言……也，求之六經中無其文，故借……之語以飾其說以取信學者歟。曰，舍聖人立言之本指，而以己說爲聖人所言，是誣聖；借其語以飾吾之說以求取信，是欺學者也。誣聖欺學者，程朱之賢不爲，蓋其學借階於老釋，是故失之。凡習於先入之言，往往受其蔽而不自覺。』

疏證一書，字字精粹，右所錄者未盡其萬一也。綜其內容，不外欲以「情感哲學」代「理性哲學」，就此點論之，乃與歐洲文藝復興時代之思潮之本質絕相類。蓋當時人心爲基督教絕對禁慾主義所束縛，痛苦無藝，既反乎人理而又不敢違，乃相與作僞，而道德反掃地以盡。文藝復興之運動乃採久閟窒之「希臘的情感主義」

以藥之一旦解放文化轉一新方向以進行則蓬勃而莫能禦戴震蓋確有見於此其志願確欲爲中國文化轉一新方向其哲學之立脚點眞可稱二千年一大翻案其論尊卑順逆一段實以平等精神作倫理學上一大革命其斥宋儒之糅合儒佛雖辭帶含蓄而意極嚴正隨處發揮科學家求眞求是之精神實三百年間最有價値之奇書也震亦極以此自負嘗曰『僕生平著述之大以孟子字義疏證爲第一』（戴東原集卷首段玉裁序引）雖然戴氏學派雖披靡一世獨此書影響極小據江藩所記謂『當時讀疏證者莫能通其義惟洪榜好焉榜爲震行狀載與彭尺木書（按此書即與孟子字義疏證相發明者）朱珪見之謂「可不必載戴氏可傳者不在是」榜貽珪書力爭不得震子中立卒將此書刪去』（漢學師承記卷六）可見當時戴門諸子之對於此書已持異同唐鑑謂『先生本訓詁家欲諱其不知義理特著孟子字義疏證以詆程朱』（國朝學案小識）鑑非能知戴學者其言誠不足輕重然可以代表當時多數人之心理也當時宗戴之人於此書旣鮮誦習發明其反駁者亦僅一方東樹（漢學商兌卷上）然搔不著癢處此書蓋百餘年未生反響之書也豈其反響當在今日以後爾然而論清學正統派之運動遂不得不將此書除外吾常言『清代學派之運動乃「研究法的運動」非「主義的運動」也』此其收穫所以不逮「歐洲文藝復興運動」之豐大也歟

十二

戴門後學名家甚衆而最能光大其業者莫如金壇段玉裁高郵王念孫及念孫子引之故世稱戴段二王焉玉裁所著書最著者曰說文解字注六書音韻表念孫所著書最著者曰讀書雜志廣雅疏證引之所著書最著者

曰經義述聞經傳釋詞戴段二王之學其所以特異於惠派者惠派之治經也如不通歐語之人讀歐書祇譯人爲神聖漢儒則其譯人也故信憑之不敢有所出入戴派不然對於譯人不輕信焉必求原文之正確然後卽安惠派所得則斷章零句援古正後而已戴派每發明一義例則通諸羣書而皆得其讀是故惠派可名之曰漢學戴派則確爲清學而非漢學以爻辰納甲說易以五行災異說書以五際六情說詩其他諸經義無不雜引讖緯此漢儒通習也戴派之清學則芟汰此等不稍涉其藩惟於訓詁名物制度注全力焉戴派之言訓詁名物雖常博引漢人之說然並不墨守之例如讀書雜志經義述聞全書皆糾正舊注舊疏之失誤所謂舊注者則毛鄭馬賈服杜也舊疏者則陸孔賈也宋以後之說則其所不屑是正矣是故如高郵父子者實毛鄭賈馬服杜之諍臣非其將順之臣也夫豈惟不將順古人雖其父師亦不苟同段之尊戴可謂至矣試讀其說文注則『先生之言非也』『先注之說非是』諸文到處皆是卽王引之經義述聞與其父念孫之說相出入者且不少也彼等不惟於舊注舊疏之舛誤絲毫不假借而已而且敢於改經文此與宋明儒者之好改古書迹相類而實大殊彼純憑主觀的臆斷而此則出於客觀的鈎稽參驗也段玉裁曰

『校書定是非最難是非有二曰底本之是非曰立說之是非必先定底本之是非而後可斷其立說之是非……何謂底本著書者之稿本是也何謂立說著書者所言之義理是也……不先正底本則多誣古人不斷其立說之是非則多誤今人……』（經韻樓集與諸同志論校書之難）

此論最能說明考證學在學術界之位置及價值蓋吾輩不治一學則已既治一學則第一步須先將此學知眞相了解明確第二步乃批評其是非得失譬如今日欲批評歐人某家之學說若僅憑拙劣僞謬之譯本相與辯

爭討論實則所駁斥者乃並非原著如此豈不可憐可笑研究中國古書雖不至差違如此其甚然以語法古今之不同與寫刻傳襲之訛錯讀之而不能通其文句者則甚多矣對於未通文句之書而批評其義理之是非則批評必多枉用此無可逃避也清代之考證學家卽對於此第一步工夫而非常努力且其所努力皆不虛確能使我輩生其後者得省卻無限精力而用之以從事於第二步清代學之成績全在此點而戴段二王之著述則其代表也阮元之序經義述聞也曰

『凡古儒所誤解者無不旁徵曲喻而得其本義之所在使古聖賢見之必解頤曰「吾言固如是數千年誤解之今得明矣」……』

此其言洵非溢美吾儕今日讀王氏父子之書只覺其條條皆犂然有當於吾心前此之誤解乃一旦渙然冰釋也雖以方東樹之力排「漢學」猶云『高郵王氏經義述聞實足令鄭朱俛首漢唐以來未有其比』（漢學商兌卷中之下）亦可見公論之不可磨滅矣

然則諸公曷爲能有此成績耶一言以蔽之曰用科學的研究法而已試細讀王氏父子之著述最能表現此等精神吾嘗研察其治學方法第一曰注意凡常人容易滑眼看過之處彼善能注意觀察發現其應特別研究之點所謂讀書得間也如自有天地以來蘋果落地不知凡幾惟奈端能注意及之家家日日皆有沸水惟瓦特能注意及之經義述聞所釐正之各經文吾輩自童時卽誦習如流惟王氏能注意及之凡學問上能有發明者其第一步工夫必恃此也第二曰虛己注意觀察之後既獲有疑竇最易以一時主觀的感想輕下判斷如此則所得之「間」行將失去考證家決不然先空明其心絕不許有一毫先入之見存惟取客觀的資料爲極忠實的

研究。第三曰立說。研究非散漫無紀也。先立一假定之說以爲標準焉。第四曰搜證。既立一說。絕不遽信爲定論。乃廣集證據。務求按諸同類之事實而皆合。如動植物學家之日日搜集標本。如物理化學家之日日化驗也。第五曰斷案。第六曰推論。經數番歸納研究之後。則可以得正確之斷案矣。既得斷案。則可以推論於同類之事項而無閡也。王引之經傳釋詞自序云

「……始取尚書二十八篇紬繹之。見其詞之發句助句者。昔人以實義釋之。往往詰鞠爲病。竊嘗私爲之說而未敢定也。及聞大人（指其父念孫）論毛詩「終風且暴」……諸條。發明意旨。渙若冰釋……乃遂引而伸之。盡其義類。自九經三傳及周秦西漢之書。凡助語之文。徧爲搜討。分字編次。爲經傳釋詞十卷。」

又云

「揆之本文而協。驗之他卷而通。雖舊說所無。可以心知其意。……凡其散見於經傳者。皆可比例而知。觸類長之。……」

此自言其治學次第及應用之法頗詳明。雖僅敍一書著述始末。然他書可以類推。他家之書亦可以類推矣。此清學所以異於前代。而永足爲我輩程式者也。

十三

正統派之學風。其特色可指者略如下。

一、凡立一義。必憑證據。無證據而以臆度者。在所必擯。

二、選擇證據以古爲尙以漢唐證據難宋明不以宋明證據難漢唐據漢魏可以難唐據漢可以難魏晉據先秦西漢可以難東漢以經證經可以難一切傳記

三、孤證不爲定說其無反證者姑存之得有續證則漸信之遇有力之反證則棄之

四、隱匿證據或曲解證據皆認爲不德

五、最喜羅列事項之同類者爲比較的研究而求得其公則

六、凡采用舊說必明引之勦說認爲大不德

七、所見不合則相辯詰雖弟子駁難本師亦所不避受之者從不以爲忤

八、辯詰以本問題爲範圍詞旨務篤實溫厚雖不肯枉自己意見同時仍尊重別人意見有盛氣凌轢或支離牽涉或影射譏笑者認爲不德

九、喜專治一業爲「窄而深」的研究

十、文體貴樸實簡絜最忌「言有枝葉」

當時學者以此種學風相矜尙自命曰「樸學」其學問之中堅則經學也經學之附庸則小學以次及於史學天算學地理學音韻學律呂學金石學校勘學目錄學等等一皆以此種研究精神治之質言之則舉凡自漢以來書冊上之學問皆加以一番磨琢施以一種組織其直接之效果一、吾輩向覺難讀難解之古書自此可以讀可以解二、許多僞書及書中竄亂蕪穢者吾輩可以知所別擇不復虛糜精力三、有久墜之絕學或前人向不注意之學自此皆卓然成一專門學科使吾輩學問之內容日益豐富其間接之效果一、讀諸大師之傳記及著述

見其「爲學問而學問」。治一業終身以之。銖積寸累。先難後獲。無形中受一種人格的觀感。使吾輩奮興向學。二、用此種研究法以治學。能使吾輩心細讀書得間。能使吾輩忠實不欺飾。能使吾輩獨立不雷同。能使得吾輩虛受。不敢執一自是。

正統派所治之學。爲有用耶。爲無用耶。此甚難言。試持以與現代世界諸學科比較。則其大部分屬於無用。此無可諱言也。雖然。有用無用云者。不過相對的名詞。老子曰。『三十幅共一轂。當其無。有車之用。』此言乎以無用為用也。循斯義也。則凡眞學者之態度。皆當為學問而治學問。夫用之云者。以所用為目的。學問則為達此目的之一手段也。為學問而治學問者。學問即目的。故更無有用無用之可言。莊子稱『不龜手之藥。或以霸。或不免於洴澼絖。』此言乎爲用不爲用。存乎其人也。循斯義也。則同是一學。在某時某地某人治之。為極無用者。易時易地易人治之。可變爲極有用。是故難言也。其實就純粹的學者之見地論之。只當問成爲學不成為學。不必問有用與無用。非如此則學問不能獨立。不能發達。夫淸學派固能成爲學者也。其在我國文化史上有價值者以此。

十四

淸學自當以經學爲中堅。其最有功於經學者。則諸經殆皆有新疏也。其在易。則有惠棟之周易述。張惠言之周易虞氏義。姚配中之周易姚氏學。其在書。則有江聲之尚書集注音疏。孫星衍之尚書古今文注疏。段玉裁之古文尚書撰異。王鳴盛之尚書後案。其在詩。則有陳奐之詩毛氏傳疏。馬瑞辰之毛詩傳箋通釋。胡承珙之毛詩後箋．其在周官．有孫詒讓之周禮正義．其在儀禮．有胡承珙之儀禮今古文疏義．胡培翬之儀禮正義．其在左傳．有劉文淇之春秋左氏傳正義．其在公羊傳．有孔廣森之公羊通義．陳立之公羊義疏．其在論語．有劉寶楠之論語正義．其在孝經．有皮錫瑞之孝經鄭注疏．其在爾雅．有邵晉涵之爾雅正義．郝懿行之爾雅義疏．其在孟子．有焦循之孟子正義．以上諸書．惟馬胡之於詩．非全釋經傳文．不能直謂之新疏．易諸家穿鑿漢儒說．非訓詁家言．清儒最善言易者．惟一焦循．其所著易通釋．易圖略．易章句．皆絜淨精微．但非新疏體例耳．書則段王二家稍粗濫．公羊則孔著不通家法．自餘則皆博通精粹．前無古人．尤有吾鄉簡朝亮著尙書集注述疏．論語集注補正述疏．志在溝通漢宋．非正統派家法．然精覈處極多．十三經除禮記穀梁外．餘皆有新疏一種或數種．而大戴禮記則有孔廣森補注王聘珍解詁焉．此諸新疏者．類皆擷取一代經說之菁華．加以別擇結撰．殆可謂集大成．其餘爲部分的研究之書．最著者則惠士奇之禮說．胡渭之禹貢錐指．惠棟之易漢學．古文尙書考．明堂大道錄．焦循之周易鄭氏義．荀氏九家義．易義別錄．陳壽祺之三家詩遺說考．江永之周禮疑義舉要．戴震之考工記圖．段玉裁之周禮儀禮漢讀考．張惠言之儀禮圖．淩廷堪之禮經釋例．金榜之禮箋．孔廣森之禮學卮言．武億之三禮義證．金鶚之求古錄禮說．黃以周之禮書通故．王引之之春秋名字解詁．侯康之穀梁禮證．江永之鄉黨圖考．王引之之經義述聞．陳壽祺之左海經辨．程瑤田之通藝錄．焦循之羣經宮室圖等．其精粹者不下數百種．

清儒以小學爲治經之途徑．嗜之甚篤．附庸遂蔚爲大國．其在說文．則有段玉裁之說文注．桂馥之說文義證．王筠之說文釋例．說文句讀．朱駿聲之說文通訓定聲．其在說文以外之古字書．則有戴震之方言疏證．江聲之釋名疏證．宋翔鳳之小爾雅訓纂．胡承珙之小爾雅義證．王念孫之廣雅疏證．此與爾雅之邵郝二疏略同體例．得此而六朝以前之字書。差無疑滯矣。而以極嚴正之訓詁家法貫穴羣書而會其通者。則王念孫之經傳釋詞。俞樾之古書疑義舉例最精鑿。近世則章炳麟之小學答問益多新理解。而馬建忠學之以著文通嚴復學之以著英文漢詁。爲「文典學」之椎輪焉。而梁啓超著國文語原解。又往往以證社會學。

音韻學又小學之附庸也。而清代特盛。自顧炎武始著音論古音表唐韻正。而江永有音學辨微。古韻標準。戴震有聲韻考聲類表。段玉裁有六書音韻表。姚文田有說文聲系。苗夔有說文聲讀表。嚴可均有說文聲類。陳澧有切韻考。而章炳麟國故論衡中論音韻諸篇皆精絕。此學也其動機本起於考證古音。而愈推愈密遂能窮極人類發音官能之構造。推出聲音變化之公例。劉獻廷著新韻譜創字母。其書不傳。近世治此學者積多數人之討論折衷遂有注音字母之頒定。

典章制度一科。在清代亦爲絕學。其動機起於治三禮。後遂汎濫益廣。惠棟著明堂大道錄。對於古制度專考一事泐成專書者始此。徐乾學編讀禮通考。秦蕙田編五禮通考。多出一時名人之手。其後則胡匡衷有儀禮釋官。戴震有考工記圖。沈彤有周官祿田考。王鳴盛有周禮軍賦說。洪頤煊有禮經宮室答問。任大椿有弁服釋例深衣釋例。皆專注禮。而焦循有羣經宮室圖。程瑤田有通藝錄。貫通諸經焉。晚清則有黃以周之禮經通故。最博贍精審。蓋清代禮學之後勁矣。而樂律一門。亦幾蔚爲大國。毛奇齡始著竟山樂錄。次則江永著律呂新論。律呂闡微。江藩著樂縣考。凌廷堪著燕樂考原。而陳澧之聲律通考晚出最精善。此皆足爲將來著中國音樂史最好之資料也。焦循著劇說。專考今樂沿革。尤爲切近有用矣。

清初諸師皆治史學。欲以爲經世之用。王夫之長於史論。其讀通鑑論宋論皆有特識。而後之史學家不循斯軌。

黃宗羲萬斯同以一代文獻自任。實爲史學嫡派。康熙間。清廷方開明史館。欲藉以網羅遺逸。諸師既抱所學。且藉以寄故國之思。雖多不受職。而皆間接參與其事。相與討論體例。別擇事實。故唐以後官修諸史。獨明史稱完善焉。乾隆以後傳此派者。全祖望最著。顧炎武治史。於典章制度風俗。多論列得失。然亦好爲考證。乾嘉以還。考證學統一學界。其洪波自不得不及於史。則有趙翼之廿二史箚記。王鳴盛之十七史商榷。錢大昕之二十一史考異。洪頤煊之諸史考異。皆汲其流。四書體例略同。其職志皆在考證史蹟。訂譌正謬。惟趙書於每代之後。常有多條臚列史中故實。用歸納法比較研究。以觀盛衰治亂之原。此其特長也。其專考證一史者。則有惠棟之後漢書補注。梁玉繩之史記志疑。漢書人表考。錢大昕之漢書辨疑。後漢書辨疑。續漢書辨疑。梁章鉅之三國志旁證。周壽昌之漢書注校補。後漢書注補正。杭世駿之三國志補注。其尤著也。自萬斯同力言表志之重要。自著歷代史表。此後表志專書可觀者多。顧棟高有春秋大事表。錢大昭有後漢書補表。周嘉猷有南北史表。三國紀年表。五代紀年表。洪飴孫有三國職官表。錢大昕有元史氏族表。齊召南有歷代帝王年表。林春溥著竹柏山房十五種。皆考證古史。其中戰國紀年。孔孟年表諸篇最精審。而官書亦有歷代職官表。洪亮吉有三國疆域志。東晉疆域志。十六國疆域志。洪齮孫有補梁疆域志。錢儀吉有補晉兵志。侯康有補三國藝文志。倪燦有宋史藝文志補。補遼金元三史藝文志。顧懷三有補五代史藝文志。錢大昕有補元史藝文志。郝懿行有補宋書刑法志食貨志。皆稱善本焉。而對於古代別史雜史。亦多考證箋注。則有陳逢衡之逸周書補注。朱右曾之周書集訓校釋。丁宗洛之逸周書管箋。洪亮吉之國語注疏。顧廣圻之國語扎記。戰國策扎記。程恩澤之國策地名考。郝懿行之山海經箋疏。陳逢衡之竹書紀年集證。降及晚清研究元史。忽成爲一時風尚。則有何秋濤之元聖武親征錄校正。李文田之元祕史注。凡此皆以經學考證之法。移以治史。只能謂之考證學。殆不可謂之史學。其專研究史法者。獨有章學誠之文史通義。其價値可比劉知幾史通。

自唐以後。罕能以私人獨力著史。惟萬斯同之明史稿。最稱鉅製。而魏源亦獨力改著元史。柯劭忞之新元史。則近出之鉅製也。源又有聖武記。記淸一代大事。有條貫。而畢沅續資治通鑑。亦稱善本。

黃宗羲始著明儒學案。爲學史之祖。其宋元學案。則其子百家與全祖望先後續成之。皆淸代史學之光也。

史之縮本則地志也。淸之盛時。各省府州縣。皆以修志相尙。其志多出碩學之手。其在省志。浙江通志。廣東通志。雲南通志之總纂。則阮元也。廣西通志。則謝啓昆也。湖北通志。則章學誠原稿也。其在府縣志。則汾州府志出戴震。涇縣志。淳化縣志。出洪亮吉。三水縣志。出孫星衍。朝邑縣志。出錢坫。偃師志。安陽志。出武億。富順縣志。出段玉裁。和州志。亳州志。永淸縣志。天門縣志。出章學誠。鳳台縣志。出李兆洛。長沙志。出章祐誠。遵義府志。出鄭珍。莫友芝。凡作者皆一時之選。其書有別裁。有斷制。其討論體例。見於各家文集者。甚周備。欲知淸代史學家之特色。當於此求之。

十五

顧炎武。劉獻廷。皆酷嗜地理學。所著書皆未成。而顧祖禹之讀史方輿紀要。言形勢阨塞。略盡。後人莫能尙。於是中淸之地理學。亦偏於考古一途。自戴震著水地記。校水經注。而水經爲一時研究之中心。孔廣森有水經釋地。全祖望有新校水經注。趙一淸有水經注釋。張匡學有水經注釋地。而近人楊守敬爲水經注疏。尤集斯學大成。

注（未刻刻者僅疏要刪）而齊召南著水道提綱。則循水道治今地理也。洪頤煊有漢志水道疏證。陳澧有漢書地理志水道圖說。亦以水道治漢地理閻若璩著四書釋地。徐善著春秋地名考略。江永著春秋地名考實。焦循著毛詩地理釋。程恩澤著國策地名考。皆考證先秦地理。其考證各史地理者。則吳卓信漢書地理志補注。楊守敬隋書地理志考證最精博。其通考歷代者。有陳芳績之歷代地理沿革表。李兆洛之歷代地理志韵編今釋。皆便檢閱。而楊守敬之歷代疆域志。歷代地理沿革圖。極綜核。惜製圖術未精。難言正確矣。自乾隆後邊徼多事。嘉道間學者漸留意西北邊新疆。青海。西藏。蒙古諸地理。而徐松。張穆。何秋濤最名家。松有西域水道記。漢書西域傳補注。新疆識略。穆有蒙古游牧記。秋濤有朔方備乘。漸引起研究元史的興味。至晚清尤盛。外國地理。自徐繼畬著瀛環志略。魏源著海國圖志。開始端緒。而其後竟不光大。近人丁謙於各史外夷傳及穆天子傳。佛國記。大唐西域記諸古籍皆博加考證。成書二十餘種。（無總名最近浙江圖書館校刻）頗精贍。要之清代地理學偏於考古。故活學變爲死學。惟據全祖望著劉獻廷傳。知獻廷有意治「人文地理」。惜其業不竟。而後亦無繼也。

自明徐光啓以後。士大夫漸好治天文算學。清初則王錫闡梅文鼎最專精。而大師黃宗羲。江永輩皆提倡之。清聖祖尤篤嗜。召西士南懷仁等供奉內廷。風聲所被。嚮慕尤衆。聖祖著有數理精蘊曆象考成。錫闡有曉菴新法。文鼎有勿菴曆算全書二十九種。江永有愼修數學九種。戴震校周髀以後迄六朝唐人算書十種。命曰算經。自爾而後。經學家什九兼治天算。尤專門者李銳。董祐誠。焦循。羅士琳。張作楠。劉衡。徐有壬。鄒伯奇。丁取忠。李善蘭。華蘅芳。銳有李氏遺書。祐誠有董方立遺書。循有里堂學算記。作楠有翠微山房數學。衡有六九軒算書。有壬有務民義齋算書。伯奇有鄒徵君遺書。取忠有白芙堂算學叢書。善蘭有則古昔齋算學。而曾國藩設江南製造局於上海頗譯泰西科學書其算學名著多出善蘭衡芳手自是所謂「西學」者漸興矣阮元著疇人傳羅士琳續補之清代斯學變遷略具焉茲學中國發源甚古而光大之實在清代學者精擘虛受各有創獲其於西來法食而能化足覘民族器量焉

十六

金石學之在清代又彪然成一科學也自顧炎武著金石文字記實爲斯學濫觴繼此有錢大昕之潛研堂金石文字跋尾武億之金石三跋洪頤煊之平津館讀碑記嚴可均之鐵橋金石跋陳介祺之金石文字釋皆考證精徵而王昶之金石萃編薈錄衆說頗似類書其專舉目錄者則孫星衍邢澍之寰宇訪碑錄其後碑版出土日多故萃編訪碑錄等再三續補而不能盡顧錢一派專務以金石爲考證經史之資料同時有黃宗羲一派從此中研究文史義例宗羲著金石要例其後梁玉繩王芑孫郭麐劉寶楠李富孫馮登府等皆賡續有作別有翁方綱黃易一派專講鑑別則其考證非以助經史矣包世臣一派專講書勢則美術的研究也而葉昌熾著語石頗集諸派之長此皆石學也其「金文學」則考證商周銅器初此等古物惟集於內府則有西清古鑑寧壽鑑古等官書然其文字皆摹寫取姿媚失原形又無釋文有亦臆舛自阮元吳榮光以封疆大吏嗜古而力足以副之於是收藏寖富遂有著錄阮有積古齋鐘鼎彝器款識吳有筠清館金石文字研究金文之端開矣道咸以後日益盛名家者有劉喜海吳式芬陳介祺王懿榮潘祖蔭吳大澂維振玉式芬有攈古錄金文祖蔭有攀古樓彝器款識大澂有愙齋集古錄皆稱精博其所考證多一時師友互相賞析所得非必著者一人私言也自金文學興而

小學起一革命前此尊說文若六經祇孔子以許慎至是援古文籀文以難許者紛作若莊述祖之說文古籀疏證孫詒讓之古籀拾遺其著也諸器文字既可讀其事蹟出古經以外者甚多因此增無數史料而其花文雕鏤之研究亦爲美術史上可寶之資惜今尚未有從事者耳最近復有龜甲文之學龜甲文者光緒己亥在河南湯陰縣出土殆數萬片而文字不可識共不審爲何時物後羅振玉考定爲殷文著貞卜文字殷虛書契考釋殷虛書契待問篇而孫詒讓著原名亦多根據甲文近更有人言其物質非龜甲乃竹簡云惜文至簡足供史材者希然文字變遷異同之跡可稽焉

清儒之有功於史學者更一端焉則校勘也古書傳習愈希者其傳鈔踵刻譌謬愈甚馴致不可讀而其書以廢清儒則博徵善本以校讎之校勘遂成一專門學其成績可紀者若汪中畢沅之校大戴禮記周廷寀趙懷玉之校韓詩外傳盧文弨之校逸周書汪中畢沅孫詒讓之校墨子謝墉之校荀子孫星衍之校孫子吳子汪繼培任大椿秦恩復之校列子顧廣圻之校國語戰國策韓非子畢沅梁玉繩之校呂氏春秋嚴可均之校愼子商君書畢沅之校山海經洪頤孫之校竹書紀年穆天子傳丁謙之校穆天子傳戴震盧文弨之校春秋繁露汪中之校賈誼新書戴震之校算經十書戴震全祖望之校水經注顧廣圻之校華陽國志諸所校者或遵善本或據他書所徵引或以本文上下互證或是正其文字或釐定其句讀或疏證其義訓往往有前此不可索解之語句一旦昭若發矇其功尤鉅者則所校多屬先秦諸子因此引起研究諸子學之興味蓋自漢武罷黜百家以後直至清之中葉諸子學可謂全廢若荀若墨以得罪孟子之故幾莫敢齒及及考證學興引據惟古是尙學者始思及六經以外尙有如許可珍之籍故王念孫讀書雜志已推勘及於諸子其後俞樾亦著諸子平議與羣經平議並列

而汪戴盧孫畢諸賢，乃徧取古籍而校之。夫校其文必尋其義，尋其義則新理解出矣。故汪中之荀卿子通論，墨子序，墨子後序，（並見述學）孫星衍之墨子序，（平津館叢書本墨子）我輩今日讀之，誠覺甚平易，然在當日固發人所未發，且言人所不敢言也。後此洪頤煊著管子義證，孫詒讓著墨子閒詁，王先謙著韓非子集釋，則躋諸經而爲之注矣。及今而稍明達之學者，皆以子與經並重，思想蛻變之樞機，有捩於彼而關於此者，此類是已。

吾輩尤有一事當感謝清儒者，曰輯佚書。書籍經久必漸散亡，取各史藝文經籍等志校其存佚，易見也。膚燕之作，存亡固無足輕重，名著失墜，則國民之遺產損焉。乾隆中修四庫全書，其書之採自永樂大典者以百計，實開輯佚之先聲。此後茲業日昌，自周秦諸子，漢人經注，魏晉六朝逸史逸集，苟有片語留存，無不搜羅最錄。其取材則唐宋間數種大類書，如藝文類聚，初學記，太平御覽等最多，而諸經注疏及他書，凡可搜者無不徧。當時學者從事此業者甚多，不備舉。而馬國翰之玉函山房輯佚書，分經史子三部，集所輯至數百種，他可推矣。遂使漢志諸書隋唐志久稱已佚者，今乃纍纍現於吾輩之藏書目錄中，雖復片鱗碎羽，而受賜則既多矣。

十七

嗚呼！自吾之生，而乾嘉學者已零落略盡。然十三歲肄業於廣州之學海堂，堂則前總督阮元所創，以樸學教於吾鄉者也。其規模矩矱，一循百年之舊。十六七歲游京師，亦獲交當時耆宿數人，守先輩遺風不替者，中間涉覽諸大師著述，參以所聞見，蓋當時「學者社會」之狀況，可髣髴一二焉。

太抵當時好學之士，每人必置一「劄記冊子」，每讀書有心得則記之。蓋清學祖顧炎武，而炎武精神傳於後者在其日知錄。其自述曰『所著日知錄三十餘種。平生之志與業皆在其中』。(亭林文集與友人論門人書)又曰『承問日知錄又成幾卷。而某自別來一載。早夜誦讀。反復尋究。僅得十餘條。』(同人書十)其成之難而視之重也如此。推原箚記之性質本非著書不過儲著書之資料然清儒最戒輕率著書非得有極滿意之資料不肯泐為定本故往往有終其身在預備資料中者。又當時第一流學者所著書。恆不欲有一字餘於己所心得之外。著專書或專篇。其範圍必較廣泛。則不免於所心得外摭拾冗詞以相湊附。此非諸師所樂。故寧以箚記體存之而已。夫吾固屢言之矣。清儒之治學。純用歸納法。純用科學精神。此法此精神。果用何種程序始能表現耶。第一步必先留心觀察事物。覷出某點某點有應特別注意之價值。第二步既注意於一事項。則凡與此事項同類者或相關係者。皆羅列比較以研究之。第三步比較研究的結果。立出自己一種意見。第四步根據此意見。更從正面旁面反面博求證據。證據備則泐為定說。遇有力之反證則棄之。凡今世一切科學之成立。皆循此步驟。而清考證家之每立一說。亦必循此步驟也。既已如此。則試思每一步驟進行中。所需資料幾何。精力幾何。非用極綿密之箚記安能致者。訓詁學之模範的名著。共推王念孫經傳釋詞。俞樾古書疑義舉例。苟一繙其內容。卽可知其實先有數千條之箚記。後乃組織而成書。又不惟專書為然耳。卽在箚記本身中。其精到者亦必先之以初稿之箚記——例如錢大昕發明古書輕脣音。試讀十駕齋養新錄本條。卽知其必先有百數十條之初稿箚記。乃能產出。——故顧氏謂一年僅能得十餘條。非虛言也。由此觀之。則箚記實為治此學者所最必要。而欲知清儒治學次第。及其得力處。固當於此求之。箚記之書則夥矣。其最可觀者日知錄外。則有閻若璩之潛邱箚記。錢大昕之十駕齋養新錄。臧琳之經義雜記。盧文弨之鍾山札記。龍城札記。孫志祖之讀書脞錄。王鳴盛之蛾述篇。汪中之知新記洪亮吉之曉讀書齋四錄趙翼之陔餘叢考王念孫之讀書雜志王引之之經義述聞何焯之義門讀書記臧庸之拜經日記梁玉繩之瞥記俞正燮之癸巳類稿癸巳存稿宋翔鳳之過庭錄陳澧之東塾讀書記等其他不可殫舉各家劄記精粗之程度不同即同一書中每條價值亦有差別有純屬原料性質者（對於一事項初下注意的觀察者）有漸成爲粗製品者（臚列比較而附以自己意見者）有已成精製品者（意見經反覆引證後認爲定說者）而原料與粗製品皆足爲後人精製所取資此其所以可貴也要之當時學者喜用劄記實一種困知勉行工夫其所以能綿密深入而有創獲者頗恃此而今亡矣

清儒既不喜效宋明人聚徒講學又非如今之歐美有種種學會學校為聚集講習之所則其交換智識之機會自不免缺乏其賴以補之者則函札也後輩之謁先輩率以問學書為贄——有著述者則媵以著述——先輩視其可教者必報書釋其疑滯而獎進之平輩亦然每得一義輒馳書其共學之友相商榷答者未嘗不盡其詞凡著一書成必經摯友數輩嚴勘得失乃以問世而其勘也皆以函札此類函札皆精心結撰其實即著述也此種風氣他時代亦間有之而清爲獨盛

其爲文也樸實說理言無枝葉而旨壹歸於雅正語錄文體所不喜也而亦不以奇古爲尙顧炎武之論文曰『孔子言「其旨遠其辭文」又曰「言之無文行而不遠」曾子曰『出辭氣斯遠鄙倍』今講學先生從語錄入者多不善修辭』又曰『時有今古非文有今古今之不能爲二漢猶二漢之不能爲尙書左氏乃勦取史漢中文法以爲古甚者獵其一二字句用之於文殊爲不稱……舍今日恆用之字而借古字之通用者文人所以自蓋其俚淺也』（日知錄十九）清學皆宗炎武文亦宗之其所奉爲信條者一曰不俗二曰不古三曰不枝蓋此種

文體於學術上之說明最爲宜矣然因此與當時所謂「古文家」者每不相容美文清儒所最不擅長也諸經師中殆無一人能爲詩者——集中多皆有詩然眞無足觀——其能爲詞者僅一張惠言能爲駢體文者有孔廣森汪中淩廷堪洪亮吉孫星衍董祐誠其文仍力洗浮豔如其學風

十八

茲學盛時凡名家者比較的多耿介恬退之士時方以科舉籠罩天下學者自宜什九從茲途出大抵後輩志學之士未得第者或新得第而俸入薄者恆有先輩延主其家爲課子弟此先輩亦以子弟畜之當獎誘增益其學此先輩家有藏書足供其揅索所交遊率當代學者常得陪末座以廣其聞見於是所學漸成矣官之遷皆以年資人無干進之心即干亦無倖獲得第早而享年永者則馴躋卿相否則以詞館郎署老俗旣儉樸事畜易周而寒士素慣淡泊故得與世無競而終其身於學京官簿書期會至簡惟日夕閉戶親書卷得間與同氣相過從則互出所學相質琉璃廠書賈漸染風氣大可人意每過一肆可以永日不啻爲京朝士夫作一公共圖書館——淩廷堪傭於書坊以成學——學者滋便焉其有外任學差或疆吏者輒妙選名流充幕選所至則網羅遺逸汲引後進而從之遊者旣得以稍裕生計亦自增其學其學成名著而厭仕宦者亦到處有逢迎或書院山長或各府省州縣修志或大族姓修譜或有力者刻書請鑒定皆其職業也凡此皆有相當之報酬又有益於學業故學者常樂就之吾常言欲一國文化進展必也社會對於學者有相當之敬禮學者恃其學足以自養無憂飢寒然後能有餘裕以從事於更深的研究而學乃日新焉近世歐洲學問多在此種環境之下培養出來而前清乾嘉

時代。則亦庶幾矣。

歐洲文藝復興。固由時代環境所醞釀。與二三豪俊所濬發。然尚有立乎其後以翼而輔之者。若羅馬教皇尼古拉第五。佛羅稜薩之麥地奇家父子。拿波里王阿爾芬梭。以及其他意大利自由市府之豪商閥族。皆沾染一時風尚。爲之先後疏附直接間接提倡獎借者不少。故其業益昌。清學之在全盛期也亦然。清高宗席祖父之業。承平殷阜。以右文之主自命。開四庫館。修一統志。纂續三通皇朝三通。修會典。修通禮。日不暇給。其事皆有待於學者。內外大僚承風宏獎者甚衆。嘉慶間畢沅阮元之流。本以經師致身通顯。任封疆。有力養士。所至提倡。隱然茲學之護法神也。淮南鹽商既窮極奢欲。亦趨時尚。思自附於風雅。競蓄書畫圖器。邀名士鑒定。潔亭舍豐館穀以待。其時刻書之風甚盛。若黃丕烈鮑廷博輩固自能別擇讎校。其餘則多有力者欲假此自顯。聘名流董其事。乃至販鴉片起家之伍崇曜。亦有粵雅堂叢書之刻。而其書且以精審聞。他可推矣。夫此類之人。則何與於學問。然固不能謂其於茲學之發達無助力。與南歐巨室豪賈之於文藝復興若合符契也。吾乃知時代思潮之爲物。當運動熱度最高時。可以舉全社會各部分之人人。悉參加於此運動。其在中國。則晚明之心學。盛清之考證。皆其例也。

十九

以上諸節所論。皆爲全盛期之正統派。此派遠發源於順康之交。直至光宣。而流風餘韻。雖替未沫。直可謂與前清朝運相終始。而中間乾嘉道百餘年間。其氣象更掩襲一世。實更無他派足與抗顏行。若強求其一焉。則固有在此統一的權威之下而常懷反側者。卽所謂「古文家」者是已。

宋明理學極敝。然後淸學興。淸學旣興。治理學者漸不復能成軍。其在啓蒙期。猶爲程朱陸王守殘壘者。有孫奇逢。李中孚。刁包。張履祥。張爾岐。陸隴其。陸世儀諸人。皆尙名節。厲實行。粹然純儒。然皆硜硜自守。所學遂不克光大。同時有湯斌李光地魏象樞魏裔介輩。亦治宋學。頗婞婜投時主好以躋通顯。時淸學壁壘未立。諸大師著述談說。往往出入漢宋。則亦相忘於道術而已。乾隆之初。惠戴崛起。漢幟大張。疇昔以宋學鳴者。頗無顏色。時則有方苞者。名位略似斌光地等。尊宋學。篤謹能躬行。而又好爲文。苞桐城人也。與同里姚範劉大櫆共學文。誦法曾鞏歸有光。造立所謂古文義法。號曰「桐城派」。又好述歐陽修「因文見道」之言。以孔孟韓歐程朱以來之道統自任。而與當時所謂漢學者互相輕。範從子鼐。欲從學戴震。震固不好爲人師。謝之。震之規古文家也。曰『諸君子之爲之也。曰是道也。非藝也。夫道固有存焉者矣。如諸君子之文。亦惡覩其非藝歟。』（東原集與方希原書）錢大昕亦曰。『方氏所謂古文義法者。特世俗選本之古文。……法且不知。義更何有。……若方氏乃眞不讀書之甚者。吾兄特以其波瀾意度近於古而喜之。……』（潛研堂集三十三與友人書）由是諸方諸姚頗不平。鼐屢爲文詆漢學破碎。而方東樹著漢學商兌。徧詆閻胡惠戴所學。不遺餘力。自是兩派始交惡。其後陽湖惲敬陸繼輅自「桐城」受義法而稍變其體。張惠言李兆洛皆治考證學。而亦好爲文。與惲陸同氣。號「陽湖派」。戴段派之考證學。雖披靡一世。然規律太嚴整。且亦聲希味淡。不能悉投衆嗜。故誦習兩派古文家者卒不衰。然才力薄。罕能張其軍者。咸同間。曾國藩善爲文而極尊「桐城」。嘗爲聖哲畫像贊。至躋姚鼐與周公孔子並列。國藩功業旣焜燿一世。「桐城」亦緣以增重。至今猶有挾之以媚權貴欺流俗者。平心論之。「桐城」開派諸人。本狷潔自好。當「漢學」全盛時而奮然與抗。亦可謂有勇。不能以其末流之墮落歸罪於作始。然此派者。以文而論。因襲矯揉。無所取材。以學而論。則獎空疏。閼創獲。無益於社會。且其在清代學界。始終未嘗占重要位置。今後亦斷不能自存。置之不論焉可耳。

方東樹之漢學商兌。卻爲清代一極有價值之書。其書成於嘉慶間。正值正統派炙手可熱之時。奮然與抗。亦一種革命事業也。其書爲宋學辯護處。固多迂舊。其針砭漢學家處。卻多切中其病。就中指斥言「漢易」者之矯誣。及言典章制度之莫衷一是。尤爲知言。後此治漢學者。頗欲調和漢宋。如阮元著性命古訓。陳澧著漢儒通義。謂漢儒亦言理學。其東塾讀書記中有朱子一卷。謂朱子亦言考證。蓋頗受此書之反響云。

在全盛期與蛻分期之間。有一重要人物。曰會稽章學誠。學誠不屑屑於考證之學。與正統派異。其言「六經皆史」。且極尊劉歆七略。與今文家異。然其所著文史通義。實爲乾嘉後思想解放之源泉。其言『賢智學於聖人。聖人學於百姓』。『集大成者乃周公而非孔子』。（原道篇）言『六經皆史。而諸子又皆出於六經』。（易教詩教經解諸篇）言『戰國以前無著述』。（詩教篇）言『古人之言。所以爲公。未嘗私據爲己有』。（言公篇）言『古之糟魄。可以爲今之精華』。（說林篇）言『後人之學勝於前人。乃後起之智慮所應爾』。（朱陸篇）言『學術與一時風尚不必求適合』。（感遇篇）言『文不能彼此相易。不可舍己之所求以摩古人之形似』。（文理篇）言『學貴自成一家。人所能者。我不必以不能爲媿』。（博約篇）書中創見類此者不可悉數。實爲晚清學者開拓心胸。非直史家之傑而已。

道咸以後清學曷爲而分裂耶其原因有發於本學派之自身者有由環境之變化所促成者

所謂發於本學派自身者何耶其一考證學之研究方法雖甚精善其研究範圍卻甚拘迂就中成績最高者惟訓詁一科然經數大師發明略盡所餘者不過糟粕其名物一科考明堂考燕寢考弁服考車制原物今既不存聚訟終末由決典章制度一科言喪服言禘祫言封建言井田在古代本世有損益變遷卽群書亦末由折衷通會夫清學所以能奪明學之席而與之代興者毋亦曰彼空而我實也今紛紜於不可究詰之名物制度則其爲空也與言心言性者相去幾何甚至言易者擯「河圖洛書」而代以「卦氣爻辰」其矯誣正相類諸如此類者尙多殊不足以服人要之清學以提倡一「實」字而盛以不能貫徹一「實」字而衰自業自得固其所矣其二凡一有機體發育至一定限度則凝滯不復進因凝滯而腐敗而衰謝此物理之恆也政制之蛻變也亦然學派之蛻變也亦然清學之興對於明之「學閥」而行革命也乃至乾嘉以降而清學已自成爲炙手可熱之一「學閥」卽如方東樹之漢學商兌其意氣排軋之處固甚多而切中當時流弊者抑亦不少然正統派諸賢莫之能受其騶卒之依附末光者且盛氣以臨之於是思想界成一「漢學專制」之局學派自身既有缺點而復行以專制此破滅之兆矣其三清學家既教人以尊古又教人以善疑既尊古矣則有更古焉者固在所當尊既善疑矣則當時諸人所共信者吾曷爲不可疑之蓋清學經乾嘉全盛以後恰如歐洲近世史初期各國內部略奠定不能不有如科侖布其人者別求新陸故在本派中有異軍突起而本派之命運遂根本搖動則亦事所必至理有固然矣

所謂由環境之變化所促成者何耶其一清初「經世致用」之一學派所以中絕者固由學風正趨於歸納的

研究法厭其空泛抑亦因避觸時忌聊以自藏嘉道以還積威日弛人心已漸獲解放而當文恬武嬉之既極稍有識者咸知大亂之將至追尋根原歸咎於學非所用則最尊嚴之學閥自不得不首當其衝其二清學之發祥地及根據地本在江浙咸同之亂江浙受禍最烈文獻蕩然後起者轉徙流離更無餘裕以自振其業而一時英拔之士奮志事功更不復以學問為重凡學術之賡續發展非比較的承平時代則不能咸同間之百學中落固其宜矣其三「鴉片戰役」以後志士扼腕切齒引為大辱奇戚思所以自湔拔經世致用觀念之復活炎炎不可抑又海禁既開所謂「西學」者逐漸輸入始則工藝次則政制學者若生息於漆室之中不知室外更何所有忽穴一牖外窺則粲然者皆昔所未睹也還顧室中則皆沈黑積穢於是對外求索之慾日熾對內厭棄之情日烈欲破壁以自拔於此黑闇不得不先對於舊政治而試奮鬬於是以其極幼稚之「西學」智識與清初啓蒙期所謂「經世之學」者相結合別樹一派向於正統派公然舉叛旗矣此則清學分裂之主要原因也

二十一

清學分裂之導火線則經學今古文之爭也何謂今古文初秦始皇焚書六經絕焉漢興諸儒始漸以其學教授而亦有派別易則有施（讎）孟（喜）梁丘（賀）三家而同出田何書則有歐陽（生）大夏侯（勝）小夏侯（建）三家而同出伏勝詩則有齊魯韓三家魯詩出申公齊詩出轅固韓詩出韓嬰春秋則惟公羊傳有嚴（彭祖）顏（安樂）兩家同出胡毋生董仲舒禮則惟儀禮有大戴（德）小戴（聖）慶（普）三家而同出高堂生此十四家者皆漢武帝宣帝時立於學官置博士教授其寫本皆用秦漢時通行篆書謂之今文史記儒林傳所述經學傳授止此

所謂十四博士是也逮西漢之末則有所謂古文經傳出焉易則有費氏謂東萊人費直所傳書則有孔氏謂孔子裔孫安國發其壁藏所獻詩則有毛氏謂河間獻王博士毛公所傳春秋則左氏傳謂張蒼曾以教授禮則有逸禮三十九篇謂魯共王得自孔子壞宅中又有周官謂河間獻王所得此諸經傳者皆以科斗文字寫故謂之古文兩漢經師多不信古文劉歆屢求以立學官不得歆移書讓太常博士謂其「專己守殘黨同妬眞」者也王莽擅漢歆挾莽力立之光武復廢之東京初葉信者殊稀至東漢末大師服虔馬融鄭玄皆尊習古文古文學遂大昌而其時爭論焦點則在春秋公羊傳今文大家何林著左氏膏肓穀梁廢疾公羊墨守古文大家鄭玄則著箴膏肓起廢疾發墨守以駁之玄既淹博徧注羣經其後晉杜預王肅皆衍其緒今文學遂衰此兩漢時今古文鬨爭之一大公案也

南北朝以降經說學派只爭鄭（玄）王（肅）今古文之爭遂熄唐陸德明著釋文孔穎達著正義皆雜宗鄭王今所傳十三經注疏者易用王（弼）注書用僞孔（安國）傳詩用毛傳鄭箋周禮儀禮禮記皆用鄭注春秋左氏傳用杜（預）注其餘諸經皆汲晚漢古文家之流西漢所謂十四博士者其學說皆亡僅存者惟春秋公羊傳之何（休）注而已自宋以後程朱等亦徧注諸經而漢唐注疏廢入清代則節節復古顧炎武惠士奇輩專提倡注疏學則復於六朝唐自閻若璩攻僞古文尚書後證明作僞者出王肅學者乃重提南北朝鄭王公案絀王申鄭則復於東漢乾嘉以來家家許鄭人人賈馬東漢學爛然如日中天矣懸崖轉石非達於地不止則西漢今古文舊案終必須翻騰一度勢則然矣

二十二

今文學之中心在公羊．而公羊家言．則眞所謂『其中多非常異義可怪之論．』（何休公羊傳注自序）自魏晉以還．莫敢道焉．今十三經注疏本公羊傳雖用何注．而唐徐彥爲之疏．於何義一無發明．公羊之成爲絕學．垂二千年矣．清儒既徧治古經．戴震弟子孔廣森始著公羊通義．然不明家法．治今文學者不宗之．今文學啓蒙大師．則武進莊存與也．存與著春秋正辭．刊落訓詁名物之末．專求其所謂「微言大義」者．與戴段一派所取途徑．全然不同其同縣後進劉逢祿繼之．著春秋公羊經傳何氏釋例．凡何氏所謂非常異義可怪之論．如「張三世」「通三統」「絀周王魯」「受命改制」諸義．次第發明．其書亦用科學的歸納研究法．有條貫．有斷制．在清人著述中．實最有價值之創作．段玉裁外孫龔自珍．既受訓詁學於段．而好今文．說經宗莊劉．自珍性詄宕．不檢細行．頗似法之盧騷．喜爲要眇之思．其文辭俶詭連犿．當時之人弗善也．而自珍益以此自憙．往往引公羊義譏切時政詆排專制．晚歲亦耽佛學．好談名理．綜自珍所學．病在不深入．所有思想．僅引其緒而止．又爲瑰麗之辭所掩．意不豁達．雖然．晚清思想之解放．自珍確與有功焉．光緒間所謂新學家者．大率人人皆經過崇拜龔氏之一時期初讀定庵文集．若受電然．稍進乃厭其淺薄．然今文學派之開拓．實自龔氏．夏曾佑贈梁啓超詩云．『璱人（樂）申受（劉）出方耕（莊）孤緒微茫接董生．（仲舒）』此言「今文學」之淵源最分明．擬諸「正統派」．莊可比顧．龔劉則閻胡也．

「今文學」之初期．則專言公羊而已．未及他經．然因此知漢代經師家法．今古兩派．截然不同．知賈馬許鄭．殊不足以盡漢學．時輯佚之學正極盛．古經說片語隻字．搜集不遺餘力．於是研究今文遺說者漸多．馮登府有三家詩異文疏證．陳壽祺有三家詩遺說考．陳喬樅有今文尚書經說考．尚書歐陽夏侯遺說考．三家詩遺說考．齊詩翼氏學疏證，江鶴壽有齊詩翼氏學，然皆不過言家法同異而已，未及眞僞問題。道光末，魏源著詩古微，始大攻毛傳及大小序，謂爲晚出僞作，其言博辯，比於閻氏之書疏證，且亦時有新理解。其論詩不爲美刺而作，謂『美刺固毛詩一家之例。……作詩者自道其情，情達而止。……豈有懽愉哀樂專爲無病代呻者耶。……』（詩古微齊魯韓毛異同論中）此深合「爲文藝而作文藝」之旨，直破二千年來文家之束縛。又論詩樂合一，謂『古者樂以詩爲體，孔子正樂，即正詩。』（同上夫子正樂論上）皆能自創新見，使古書頓帶活氣。源又著書古微，謂不惟東晉晚出之古文尙書（即閻氏所攻者）爲僞也，東漢馬鄭之古文說，亦非孔安國之舊。同時，邵懿辰亦著禮經通論，謂儀禮十七篇爲足本，所謂古文逸禮三十九篇者，出劉歆僞造。而劉逢祿故有左氏春秋考證，謂此書本名左氏春秋，不名春秋左氏傳，與晏子春秋呂氏春秋同性質，乃記事之書，非解經之書；其解經者，皆劉歆所竄入；左氏傳之名，亦歆所僞創。蓋自劉書出而左傳眞僞成問題，自魏書出而毛詩眞僞成問題，自邵書出而逸禮眞僞成問題。若周禮眞僞，則自宋以來成問題久矣。初時諸家不過各取一書爲局部的研究而已；既而尋其系統，則此諸書者，同爲西漢末出現，其傳授端緒，俱不可深考，同爲劉歆所主持爭立。質言之，則所謂古文諸經傳者，皆有連帶關係，眞則俱眞，僞則俱僞。於是將兩漢今古文之全案，重提覆勘，則康有爲其人也。

今文學之健者，必推龔魏。龔魏之時，清政既漸陵夷衰微矣，舉國方沈酣太平，而彼輩若不勝其憂危，恆相與指天畫地，規天下大計。考證之學，本非其所好也，而因衆所共習，則亦能之；能之而頗欲用以別闢國土，故雖言經學，而其精神與正統派之爲經學而治經學者則既有以異。自珍源皆好作經濟談，而最注意邊事。自珍作西域置行省議，至光緒間實行，則今新疆也。又著蒙古圖志，研究蒙古政俗而附以論議。（未刻）源有元史，有海國圖志治域外地理者。源實爲先驅。故後之治今文學者。喜以經術作政論。則龔魏之遺風也。

二十三

今文學運動之中心。曰南海康有爲。然有爲蓋斯學之集成者。非其創作者也。有爲早年。酷好周禮。嘗貫穴之著政學通議。後見廖平所著書。乃盡棄其舊說。平王闓運弟子。闓運以治公羊聞於時。然故文人耳。經學所造甚淺其所著公羊箋。尚不逮孔廣森。平受其學。著四益館經學叢書十數種。知守今文家法。晚年以張之洞故。復著書自駁。其人固不足法。然有爲之思想。受其影響。不可誣也。有爲最初所著書曰新學僞經考。「僞經」者。謂周禮逸禮左傳及詩之毛傳。凡西漢末劉歆所力爭立博士者。「新學」者。謂新莽之學。時清儒誦法許鄭者自號曰「漢學」。有爲以爲此新代之學。非漢代之學。故更其名焉。新學僞經考之要點。一、西漢經學。並無所謂古文者。凡古文皆劉歆僞作。二、秦焚書。並未厄及六經。漢十四博士所傳。皆孔門足本。並無殘缺。三、孔子時所用字。卽秦漢間篆書。卽以「文」論。亦絕無今古之目。四、劉歆欲彌縫其作僞之迹。故校中祕書時。於一切古書多所羼亂。五、劉歆所以作僞經之故。因欲佐莽篡漢。先謀湮亂孔子之微言大義。諸所主張。是否悉當。且勿論。要之此說一出。而所生影響有二。第一。清學正統派之立脚點。根本搖動。第二。一切古書。皆須從新檢查估價。此實思想界之一大颶風也。有爲弟子有陳千秋梁啓超者。並夙治考證學。陳尤精洽。聞有爲說。則盡棄其學而學焉。僞經考之著。二人者多所參與。亦時時病其師之武斷。然卒莫能奪也。實則此書大體皆精當。其可議處。乃在小節目。乃至謂史記楚辭經劉歆羼入者數十條。出土之鐘鼎彝器。皆劉歆私鑄埋藏以欺後世。此實爲事理之萬不可通者。

而有爲必力持之實則其主張之要點並不必借重於此等枝詞强辯而始成立而有爲以好博好異之故往往不惜抹殺證據或曲解證據以犯科學家之大忌此其所短也有爲之爲人也萬事純任主觀自信力極强而持之極毅其對於客觀的事實或竟蔑視或必欲强之以從我其在事業上也有然其在學問上也亦有然其所以自成家數崛起一時者以此其所以不能立健實之基礎者亦以此讀新學僞經考而可見也新學僞經考出甫一年遭清廷之忌燬其板傳習頗稀其後有崔適者著史記探原春秋復始二書皆引申有爲之說益加精密今文派之後勁也

有爲第二部著述曰孔子改制考其第三部著述曰大同書若以新學僞經考比颶風則此二書者其火山大噴火也其大地震也有爲之治公羊也不斷斷於其書法義例之小節專求其微言大義卽何休所謂非常異義可怪之論者定春秋爲孔子改制創作之書謂文字不過其符號如電報之密碼如樂譜之音符非口授不能明又不惟春秋而已凡六經皆孔子所作昔人言孔子删述者誤也孔子蓋自立一宗旨而憑之以進退古人去取古籍孔子改制恆託於古堯舜者孔子所託也其人有無不可知卽有亦至尋常經典中堯舜之盛德大業皆孔子理想上所構成也又不惟孔子而已周秦諸子罔不改制罔不託古老子之託黃帝墨子之託大禹許行之託神農是也近人祖述何休以治公羊者若劉逢祿龔自珍陳立輩皆言改制而有爲之說實與彼異有爲所謂改制者則一種政治革命社會改造的意味也故喜言「通三統」「三統」者謂夏商周三代不同當隨時因革也喜言「張三世」「三世」者謂據亂世升平世太平世愈改而愈進也有爲政治上「變法維新」之主張實本於此有爲謂孔子之改制上掩百世下掩百世故尊之爲教主誤認歐洲之尊景教爲治强之本故恆欲儕孔

子於基督乃雜引讖緯之言以實之於是有爲心目中之孔子又帶有「神祕性」矣孔子改制考之內容大略如此其所及於思想界之影響可得言焉

一、教人讀古書不當求諸章句訓詁名物制度之末當求其義理所謂義理者又非言心言性乃在古人創法立制之精意於是漢學宋學皆所吐棄爲學界別闢一新殖民地

二、語孔子之所以爲大在於建設新學派（創教）鼓舞人創作精神

三、僞經考既以諸經中一大部分爲劉歆所僞託改制考復以眞經之全部分爲孔子託古之作則數千年來共認爲神聖不可侵犯之經典根本發生疑問引起學者懷疑批評的態度

四、雖極力推挹孔子然既謂孔子之創學派與諸子之創學派同一動機同一目的同一手段則已夷孔子於諸子之列所謂「別黑白定一尊」之觀念全然解放導人以比較的研究

二十四

右兩書皆有爲整理舊學之作其自身所創作則大同書也初有爲既從學於朱次琦畢業退而獨居西樵山者兩年專爲深沈之思窮極天人之故欲自創一學派而歸於經世之用有爲以春秋「三世」之義說禮運謂「升平世」爲「小康」「太平世」爲「大同」禮運之言曰『大道之行也天下爲公選賢與能講信修睦故人不獨親其親不獨子其子使老有所歸壯有所用幼有所長鰥寡孤獨廢疾者皆有所養男有分女有歸貨惡其棄於地也不必藏諸己力惡其不出於身也不必爲己……是謂大同』此一段者以今語釋之則民治主義存

焉（天下……與能）國際聯合主義存焉（講信修睦）兒童公育主義存焉（故人不……其子）老病保險主義存焉（使老有……有所養）共產主義存焉（貨惡……藏諸己）勞作神聖主義存焉（力惡……爲己）有爲謂此爲孟子之理想的社會制度謂春秋所謂「太平世」者卽此乃衍其條理爲書略如左．

一、無國家全世界置一總政府分若干區域．

二、總政府及區政府皆由民選．

三、無家族男女同棲不得逾一年屆期須易人．

四、婦女有身者入胎教院兒童出胎者入育嬰院．

五、兒童按年入蒙養院及各級學校．

六、成年後由政府指派分任農工等生產事業

七、病則入養病院老則入養老院．

八、胎教育嬰蒙養養病養老諸院爲各區最高之設備入者得最高之享樂．

九、成年男女例須以若干年服役於此諸院若今世之兵役然．

十、設公共宿舍公共食堂有等差各以其勞作所入自由享用．

十一、警惰爲最嚴之刑罰．

十二、學術上有新發明者及在胎教等五院有特別勞績者得殊獎．

十三、死則火葬火葬場比鄰爲肥料工廠．

大同書之條理略如是全書數十萬言於人生苦樂之根原善惡之標準言之極詳辯然後說明其立法之理由其最要關鍵在毀滅家族有爲謂佛法出家求脫苦也不如使其無家可出謂私有財產爲爭亂之源無家族則誰復樂有私產若夫國家則又隨家族而消滅者也有爲懸此鵠爲人類造化之極軌至其當由何道乃能致此則未嘗言其第一眼目所謂男女同棲當立期限者是否適於人性則亦未甚能自完其說雖然有爲著此書時固一無依傍一無勦襲在三十年前而其理想與今世所謂世界主義社會主義者多合符契而陳義之高且過之嗚呼眞可謂豪傑之士也已

有爲雖著此書然祕不以示人亦從不以此義敎學者謂今方爲「據亂」之世只能言小康不能言大同言則陷天下於洪水猛獸其弟子最初得讀此書者惟陳千秋梁啓超讀則大樂銳意欲宣傳其一部分有爲弗善也而亦不能禁其所爲後此萬木草堂學徒多言大同矣而有爲始終謂當以小康義救今世對於政治問題對於社會道德問題皆以維持舊狀爲職志自發明一種新理想自認爲至善至美然不願其實現且竭全力以抗之遏之人類秉性之奇詭度無以過是者有爲當中日戰役後糾合青年學子數千人上書言時事所謂「公車上書」者是也中國之有「羣眾的政治運動」實自此始然有爲既欲實行其小康主義的政治不能無所求於人終莫之能用屢遭竄逐而後輩多不喜其所爲相與詆訶之有爲亦果於自信而輕視後輩益爲頑舊之態以相角今老矣殆不復與世相聞問遂使國中有一大思想家而國人不蒙其澤悲夫啓超屢請印布其大同書久不許卒乃印諸不忍雜志中僅三之一雜志停版竟不繼印

二十五

對於「今文學派」爲猛烈的宣傳運動者則新會梁啓超也。啓超年十三。與其友陳千秋同學於學海堂。治戴段王之學。千秋所以輔益之者良厚。越三年。而康有爲以布衣上書被放歸。舉國目爲怪。千秋啓超好奇。相將謁之。一見大服。遂執業爲弟子。共請康開館講學。則所謂萬木草堂是也。二人者學數月。則以其所聞昌言於學海堂。大詆訶舊學。與長老儕輩辯詰無虛日。有爲不輕以所學授人。草堂常課。除公羊傳外。則點讀資治通鑑宋元學案朱子語類等。又時時習古禮。千秋啓超弗嗜也。則相與治周秦諸子及佛典。亦涉獵清儒經濟書及譯本西籍。皆就有爲決疑滯。居一年。乃聞所謂「大同義」者。喜欲狂。銳意謀宣傳。有為謂非其時。然不能禁也。又二年。而千秋卒。（年二十二）啓超益獨力自任。啓超治僞經考。時復不慊於其師之武斷。後遂置不復道。其師好引緯書。以神祕性說孔子。啓超亦不謂然。啓超謂孔門之學。後衍爲孟子荀卿兩派。荀傳小康。孟傳大同。漢代經師。不問爲今文家古文家。皆出荀卿。（汪中說）二千年間。宗派屢變。壹皆盤旋荀學肘下。孟學絕而孔學亦衰。於是專以絀荀申孟爲標幟。引孟子中誅責「民賊」「獨夫」「善戰服上刑」「授田制產」諸義。謂為大同精意所寄。日倡道之。又好墨子。誦說其「兼愛」「非攻」諸論。啓超屢遊京師。漸交當世士大夫。而其講學最契之友。曰夏曾佑譚嗣同。曾佑方治龔劉今文學。每發一義。輒相視莫逆。其後啓超亡命日本。曾佑贈以詩。中有句曰。『……冥冥蘭陵（荀卿）門。萬鬼頭如蟻。質多（魔鬼）舉隻手。陽烏為之死。袒裼往暴之。一擊類執豕。酒酣擲杯起。跌宕笑相視。頗謂宙合間。只此足歡喜。……』此可想見當時彼輩「排荀」運動。實有一種元氣淋漓景象。嗣同方治王夫之之學。喜談名理。談經濟。及交啓超。亦盛言大同。運動尤烈。（詳次節）而啓超之學。受夏譚影響亦至鉅。而其後啓超等之運動。益帶政治的色彩。啓超創一旬刊雜誌於上海。曰時務報。自著變法通議。批評秕政。而救敝之法歸於廢科舉興學校亦時時發「民權論」但微引其緒未敢昌言已而嗣同與黃遵憲熊希齡等設時務學堂於長沙聘啓超主講席唐才常等爲助敎啓超至以公羊孟子敎課以劄記學生僅四十人而李炳寰林圭蔡鍔稱高才生焉啓超每日在講堂四小時夜則批答諸生劄記每條或至千言往往徹夜不寐所言皆當時一派之民樂論又多言清代故實臚舉失政盛倡革命其論學術則自荀卿以下漢唐宋明清學者掊擊無完膚時學生皆住舍不與外通堂內空氣日日激變外間莫或知之及年假諸生歸省出劄記示親友全湘大譁先是嗣同才常等設「南學會」聚講又設湘報（日刊）湘學報（旬刊）所言雖不如學堂中激烈實陰相策應又竊印明夷待訪錄揚州十日記等書加以案語祕密分布傳播革命思想信奉者日衆於是湖南新舊派大鬨葉德輝著翼教叢編數十萬言將康有爲所著書啓超所批學生劄記及時務報湘報湘學報諸論文逐條痛斥而張之洞亦著勸學篇旨趣略同戊戌政變前某御史臚舉劄記批語數十條指斥淸室鼓吹民權者具摺揭參卒興大獄嗣同死焉啓超亡命才常等被逐學堂解散蓋學術之爭延爲政爭矣

啓超既亡居日本其弟子李林蔡等棄家從之者十有一人才常亦數數往來共圖革命積年餘舉事於漢口十一人者先後歸從才常死者六人焉啓超亦自美洲馳歸及上海而事已敗自是啓超復專以宣傳爲業爲新民叢報新小說等諸雜志暢其旨義國人競喜讀之淸廷雖嚴禁不能遏每一冊出內地翻刻本輒十數二十年來學子之思想頗蒙其影響啓超夙不喜桐城派古文幼年爲文學晚漢魏晉頗尚矜鍊至是自解放務爲平易暢達時雜以俚語韻語及外國語法縱筆所至不檢束學者競效之號新文體老輩則痛恨詆爲野狐然其文條理明晰筆鋒常帶情感對於讀者別有一種魔力焉

啓超既日倡革命排滿共和之論。而其師康有爲深不謂然。屢責備之。繼以婉勸。兩年間函札數萬言。啓超亦不慊於當時革命家之所爲。懲羹而吹虀。持論稍變矣。然其保持守性與進取性常交戰於胸中。隨感情而發。所執往往前後相矛盾。嘗自言曰『不惜以今日之我難昔日之我』世多以此爲詬病。而其言論之效力亦往往相消。蓋生性之弱點然矣。

啓超自三十以後。已絕口不談「僞經」。亦不甚談「改制」。而其師康有爲大倡設孔教會定國教祀天配孔諸議。國中附和不乏。啓超不謂然。屢起而駁之。其言曰。

『我國學界之光明。人物之偉大。莫盛於戰國。蓋思想自由之明效也。及秦始皇焚百家之語。而思想一窒。漢武帝表章六藝罷黜百家。而思想又一窒。自漢以來。號稱行孔教二千餘年於茲矣。而皆持所謂表章某某罷黜某某者爲一貫之精神。故正學異端有爭。今學古學有爭。言考據則爭師法。言性理則爭道統。各自以爲孔教。而排斥他人以爲非孔教。……寖假而孔子變爲董江都何邵公矣。寖假而孔子變爲馬季長鄭康成矣。寖假而孔子變爲韓退之歐陽永叔矣。寖假而孔子變爲程伊川朱晦庵矣。寖假而孔子變爲陸象山王陽明矣。寖假而孔子變爲顧亭林戴東原矣。皆由思想束縛於一點。不能自開生面。如羣猨得一果。跳擲以相攫。如羣嫗得一錢。詬詈以相奪。情狀抑何可憐。……此二千年來保教黨所生之結果也。……』（壬寅年新民叢報）

又曰。

『今之言保教者，取近世新學新理而緣附之，曰某某孔子所已知也，某某孔子所曾言也……然則非以此新學新理厭然有當於吾心而從之也，不過以其暗合於我孔子而從之耳，是所愛者仍在孔子，非在眞理也。萬一遍索諸四書六經而終無可比附者，則將明知爲眞理而亦不敢從矣，萬一吾所比附者有人剔之曰孔子不如是，斯亦不敢不棄之矣，若是乎眞理之終不能餉遺我國民也，故吾所惡乎舞文賤儒動以西學緣附中學者，以其名爲開新，實則保守，煽思想界之奴性而滋益之也。』（同上）

又曰：

『摭古書片詞單語以傅會今義，最易發生兩種流弊，一，倘所印證之義，其表裏適相脗合，善已，若稍有牽合附會，則最易導國民以不正確之觀念，而緣郢書燕說以滋弊，例如疇昔談立憲談共和者，偶見經典中某字某句與立憲共和等字義略相近，輒摭拾以沾沾自喜，謂此制爲我所固有，其實今世共和立憲制度之爲物，卽泰西亦不過起於近百年，求諸彼古代之希臘羅馬且不可得，遑論我國，而比附之言傳播旣廣，則能使多數人之眼光之思想見局見縛於所比附之文句，以爲所謂立憲共和者不過如是，而不復追求其眞義之所存……此等結習，最易爲國民研究實學之魔障，二，勸人行此制，告之曰吾先哲所嘗行也，勸人治此學，告之曰吾先哲所嘗治也，其勢較易入，固也，然頻以此相詔，則人於先哲未嘗行之制，輒疑其不可行，於先哲未嘗治之學，輒疑其不當治，無形之中，恆足以增其故見自滿之習，而障其擇善服從之明……吾雅不願采擷隔牆桃李之繁葩，綴結於吾家杉松之老幹，而沾沾自鳴得意，吾誠愛桃李也，惟當思所以移植之，而何必使與杉松淆其名實者。』（乙卯年國風報）

此諸論者雖專爲一問題而發然啓超對於我國舊思想之總批判及其所認爲今後新思想發展應遵之途徑皆略見焉中國思想之痼疾確在「好依傍」與「名實混淆」若援佛入儒也若好造僞書也皆原本於此等精神以淸儒論顏元幾於墨矣而必自謂出孔子戴震全屬西洋思想而必自謂出孔子康有爲之大同空前創獲而必自謂出孔子及至孔子之改制何爲必託古諸子何爲皆託古則亦依傍混淆也已此病根不拔則思想終無獨立自由之望啓超蓋於此三致意焉然持論旣屢與其師不合康梁學派遂分

啓超之在思想界其破壞力確不小而建設則未有聞晚淸思想界之粗率淺薄啓超與有罪焉啓超常稱佛說謂『未能自度而先度人是爲菩薩發心』故其生平著作極多皆隨有所見隨卽發表彼嘗言『我讀到「性本善」則教人以「人之初」而已』殊不思「性相近」以下尙未讀通恐並「人之初」一句亦不能解以此教人安見其不爲誤人啓超平素主張謂須將世界學說爲無制限的盡量輸入斯固然矣然必所輸入者確爲該思想之本來面目又必具其條理本末始能供國人切實研究之資此其事非多數人專門分擔不能啓超務廣而荒每一學稍涉其樊便加論列故其所述著多模糊影響籠統之談甚者純然錯誤及其自發現而自謀矯正則已前後矛盾矣平心論之以二十年前思想界之閉塞委靡非用此種鹵莽疏闊手段不能烈山澤以闢新局就此點論梁啓超可謂新思想界之陳涉雖然國人所責望於啓超者不止此以其人本身之魄力及其三十年歷史上所積之資格實應爲我新思想界力圖締造一開國規模若此人而長此以自終則在中國文化史上不能不謂爲一大損失也

啓超與康有爲有最相反之一點有爲太有成見啓超太無成見其應事也有然其治學也亦有然有爲常言『

吾學三十歲已成。此後不復有進。亦不必求進。』啓超不然。常自覺其學未成。且憂其不成。數十年日在旁皇求索中。故有爲之學。在今日可以論定。啓超之學。則未能論定。然啓超以太無成見之故。往往徇物而奪其所守。其創造力不逮有爲。殆可斷言矣。啓超「學問慾」極熾。其所嗜之種類亦繁雜。每治一業。則沈溺焉。集中精力。盡拋其他。歷若干時日。移於他業。則又拋其前所治者。以集中精力故。常有所得。以移時而拋故。故入焉而不深。彼嘗有詩題其女令嫻藝蘅館日記云『吾學病愛博。是用淺且蕪。尤病在無恆。有獲旋失諸。百凡可效我。此二無我如。』可謂有自知之明。啓超雖自知其短而改之不勇。中間又屢爲無聊的政治活動所牽率。耗其精而荒其業。識者謂啓超若能永遠絕意政治。且裁斂其學問慾。專精於一二點。則於將來之思想界當更有所貢獻。否則亦適成爲清代思想史之結束人物而已。

二十七

晚清思想界有一彗星。曰瀏陽譚嗣同。嗣同幼好爲駢體文。緣是以窺「今文學」。其詩有『汪（中）魏（源）龔（自珍）王（闓運）始是才。』之語。可見其嚮往所自。又好王夫之之學。喜談名理。自交梁啓超後。其學一變。自從楊文會聞佛法。其學又一變。嘗自裒其少作詩文刻之。題曰東海褰冥氏三十以前舊學。示此後不復事此矣。其所謂「新學」之著作。則有仁學。亦題曰臺灣人所著書。蓋中多譏切清廷。假臺人抒憤也。書成自藏其稿。而寫一副本畀其友梁啓超。啓超在日本印布之。始傳於世。仁學自敍曰。

『吾將哀號流涕。強聒不舍。以速其衝決網羅。衝決利祿之網羅。衝決俗學若考據若詞章之網羅。衝決全球羣學羣教之網羅．衝決君主之網羅．衝決倫常之網羅．衝決天之網羅．……然既可衝決．自無網羅．眞無網羅．乃可言衝決．……』

仁學內容之精神大略如是．英奈端倡「打破偶像」之論．遂啓近代科學．嗣同之「衝決羅網」．正其義也．仁學之作．欲將科學哲學宗教冶爲一鑪．而更使適於人生之用．眞可謂極大膽極遼遠之一種計畫．此計畫吾不敢謂終無成立之望．然以現在全世界學術進步之大勢觀之．則似爲期尚早．況在嗣同當時之中國耶．嗣同幼治算學．頗深造．亦嘗盡讀所謂「格致」類之譯書．將當時所能有之科學智識．盡量應用．又治佛教之「唯識宗」「華嚴宗」．用以爲思想之基礎．而通之以科學．又用今文學家「太平」「大同」之義．以爲「世法」之極軌．而通之於佛教．嗣同之書．蓋取資於此三部分．而組織之以立己之意見．其駁雜幼稚之論甚多．固無庸諱．其盡脫舊思想之束縛．戛戛獨造．則前清一代．未有其比也．

嗣同根本的排斥尊古觀念．嘗曰『古而可好．則何必爲今之人哉』（仁學卷上）對於中國歷史．下一總批評曰．『二千年來之政．秦政也．皆大盜也．二千年來之學．荀學也．皆鄉愿也．惟大盜利用鄉愿．惟鄉愿工媚大盜』（仁學卷下）當時譚梁夏一派之論調．大約以此爲基本．而嗣同尤爲悍勇．其仁學所謂衝決羅網者．全書皆是也．不可悉舉．姑舉數條爲例．

嗣同明目張膽以詆名教．其言曰．

『俗學陋行．動言名教．……以名爲教．則其教已爲實之賓．而決非實也．又況名者．由人創造．上以制其下．而下不能不奉之．則數千年三綱五常之慘禍酷毒由此矣．……如曰「仁」．則共名也．君父以責臣子．臣子亦可反之君父。於箝制之術不便。故不能不有「忠孝廉節」一切分別等衰之名。……忠孝既爲臣子之專名則終不能以此反之。雖或他有所據。意欲詰訴。而終不敵忠孝之名爲名教之所尙。……名之所在不惟關其口使不敢昌言。乃並錮其心使不敢涉想。……』

嗣同對於善惡有特別見解。謂『天地間無所謂惡。惡者名耳。非實也。』謂『俗儒以天理爲善。人欲爲惡。不知無人欲安得有天理。』彼欲申其「惡由名起」說。乃有極詭僻之論曰。

『惡莫大淫殺。……男女構精名淫。此淫名也。淫名亦生民以來沿習既久。名之不改。習謂爲惡。向使生民之始。即相習以淫爲朝聘宴饗之鉅典。行諸朝廟。行諸都市。行諸稠人廣衆。如中國之長揖拜跪。西國之抱腰接吻。則孰知為惡者。戕害生命名殺。此殺名也。然殺爲惡。則凡殺皆當爲惡。人不當殺。則凡虎狼牛馬雞豚。又何當殺者。何以不並名惡也。或曰。人與人同類耳。然則虎狼於人不同類也。虎狼殺人。則名虎狼爲惡。人殺虎狼。何以不名人爲惡也。……』

此等論調。近於詭辯矣。然其懷疑之精神。解放之勇氣。正可察見。

仁學下篇。多政治談。其篇首論國家起原及民治主義。（文不具引）實當時譚梁一派之根本信條。以殉教的精神力圖傳播者也。由今觀之。其論亦至平庸。至疏闊。然彼輩當時。並盧騷民約論之名亦未夢見。而理想多與暗合。蓋非思想解放之效不及此。其鼓吹排滿革命也。詞鋒銳不可當。曰。

『天下爲君主私產。不始今日。……然而有知遼金元淸之罪。浮於前此君主者乎。其土則穢壤也。其人則羶種也。其心則禽心也。其俗則毳俗也。逞其凶殘淫殺。攫取中原子女玉帛。……猶以爲未饜。錮其耳目。桎其手足。壓其心思。挫其氣節。……方命曰此食毛踐土之分然也。夫果誰食誰之毛。誰踐誰之土。……』又曰『吾華人愼毋言華盛頓拿破侖矣。志士仁人求爲陳涉楊玄感以供聖人之驅除死無憾焉。若機無可乘。則莫若爲任俠。(暗殺)亦足以伸民氣倡勇敢之風。』此等言論著諸竹帛距後此「同盟　」「光復會」等之起蓋十五六年矣。

仁學之政論歸於「世界主義。」其言曰『春秋大一統之義。天地間不當有　也。』又曰『不惟發願救本國。並彼極盛之西國與夫含生之類一切皆度之……不可自言爲某國人當平視萬國皆其國皆其民。』篇中此類之論不一而足皆當時今文學派所日倡道者。其後梁啓超居東漸染歐日俗論乃盛倡褊狹的國家主義。慙其死友矣。

嗣同遇害年僅三十三。使假以年則其學將不能測其所至。僅留此區區一卷。吐萬丈光芒。一瞥而逝。而掃蕩廓清之力莫與京焉。吾故比諸彗星。

二十八

在此清學蛻分與衰落期中。有一人焉能爲正統派大張其軍者。曰餘杭章炳麟。炳麟少受學於俞樾。治小學極謹嚴。然固浙東人也。受全祖望章學誠影響頗深。大究心明清間掌故。排滿之信念日烈。炳麟本一條理縝密之人。乃其早歲所作政談專提倡單調的「種族革命論」。使衆易喻。故鼓吹之力綦大。中年以後究心佛典。治俱舍唯識。有所入。旣亡命日本。涉獵西籍。以新知附益舊學。日益閎肆。其治小學以音韻爲骨幹。謂文字先有聲然後有形字之創造及其孳乳皆以音衍所著文始及國故論衡中論文字音韻諸篇其精義多乾嘉諸老所未發明應用正統派之研究法而廓大其內容延闢其新徑實炳麟一大成功也炳麟用佛學解老莊極有理致所著齊物論釋雖間有牽合處然確能為研究「莊子哲學」者開一新國土其菿漢微言深造語極多其餘國故論衡檢論文錄諸篇純駁互見嘗自述治學進化之迹曰

「少時治經謹守樸學所疏通證明者在文字器數之間雖嘗博觀諸子略識微言亦隨順舊義耳……繼閱佛藏涉獵華嚴法華涅槃諸經義解漸深卒未窺其究竟及囚繫上海專修慈氏世親之書此一術也以分析名相始以排遣名相終從入之途與平生樸學相似易於契機……」

「……講說許書一旦解寤的然見語言文字本原於是初為文始……由是所見與箋疏瑣碎者殊矣……」

「為諸生說莊子旦夕比度遂有所得端居深觀而釋齊物乃與瑜伽華嚴相會……」

「自揣平生學術始則轉俗成眞終乃回眞向俗……秦漢以來依違於彼是之間局促於一曲之內蓋未嘗睹是也……」（菿漢微言卷末）

其所自述殆非溢美蓋炳麟中歲以後所得固非清學所能限矣其影響於近年來學界者亦至鉅雖然炳麟謹守家法之結習甚深故門戶之見時不能免如治小學排斥鐘鼎文龜甲文治經學排斥「今文派」其言常不免過當而對於思想解放之勇決炳麟或不逮今文家也

自明徐光啓李之藻等廣譯算學天文水利諸書爲歐籍入中國之始。前清學術。頗蒙其影響。而範圍亦限於天算。「鴉片戰役」以後。漸怵於外患。洪楊之役。借外力平內難。益震於西人之「船堅礮利」。於是上海有製造局之設。附以廣方言館。京師亦設同文館。又有派學生留美之舉。而目的專在養成通譯人才。其學生之志量亦莫或逾此。故數十年中。思想界無絲毫變化。惟製造局中尚譯有科學書二三十種。李善蘭華蘅芳趙仲涵等任筆受。其人皆學有根柢。對於所譯之書。責任心與興味皆極濃重。故其成績略可比明之徐李。而教會之在中國者。亦頗有譯書。光緒間所爲「新學家」者。欲求知識於域外。則以此爲枕中鴻祕。蓋「學問飢餓」至是而極矣。甲午喪師。舉國震動。年少氣盛之士。疾首扼腕言「惟新變法」。而疆吏若李鴻章張之洞輩。亦稍稍和之。而其流行語。則有所謂「中學爲體西學爲用」者。張之洞最樂道之。而舉國以爲至言。蓋當時之人。絕不承認歐美人除能製造能測量能駕駛能操練之外。更有其他學問。而在譯出西書中求之。亦確無他種學問可見。康有爲梁啓超譚嗣同輩。即生育於此種「學問飢荒」之環境中。冥思枯索。欲以構成一種「不中不西即中即西」之新學派。而已爲時代所不容。蓋固有之舊思想。既深根固蒂。而外來之新思想。又來源淺觳。汲而易竭。其支絀滅裂。固宜然矣。

戊戌政變。繼以庚子拳禍。清室衰微益暴露。青年學子。相率求學海外。而日本以接境故。赴者尤衆。壬寅癸卯間。譯述之業特盛。定期出版之雜誌不下數十種。日本每一新書出。譯者動數家。新思想之輸入。如火如荼矣。然皆所謂「梁啓超式」的輸入。無組織。無選擇。本末不具。派別不明。惟以多爲貴。而社會亦歡迎之。蓋如久處災區之民。草根木皮。凍雀腐鼠。罔不甘之。朵頤大嚼。其能消化與否不問。能無召病與否更不問也。而亦實無衛生良品足以爲代．時獨有侯官嚴復．先後譯赫胥黎天演論．斯密亞丹原富．穆勒約翰名學．羣己權界論．孟德斯鳩法意．斯賓塞爾羣學肄言等數種．皆名著也．雖半屬舊籍．去時勢頗遠．然西洋留學生與本國思想界發生關係者．復其首也．亦有林紓者．譯小說百數十種．頗風行於時．然所譯本率皆歐洲第二三流作者．紓治桐城派古文．每譯一書．輒「因文見道」．於新思想無與焉．

晚清西洋思想之運動．最大不幸者一事焉．蓋西洋留學生殆全體未嘗參加於此運動．運動之原動力及其中堅．乃在不通西洋語言文字之人．坐此爲能力所限．而稗販．破碎．籠統．膚淺．錯誤．諸弊．皆不能免．故運動垂二十年．卒不能得一健實之基礎．旋起旋落．爲社會所輕．就此點論．則疇昔之西洋留學生．深有負於國家也．

而一切所謂「新學家」者．其所以失敗．更有一總根原．曰．不以學問爲目的而以爲手段．時主方以利祿餌誘天下．學校一變名之科舉．而新學亦一變質之八股．學子之求學者．其什中八九．動機已不純潔．用爲「敲門磚」．過時則抛之而已．此其劣下者．可勿論．其高秀者．則亦以「致用」爲信條．謂必出所學舉而措之．乃爲無負．殊不知凡學問之爲物．實應離「致用」之意味而獨立生存．眞所謂『正其誼不謀其利．明其道不計其功．』質言之．則有「書獃子」然後有學問也．晚清之新學家．欲求其如盛清先輩具有「爲經學而治經學」之精神者．渺不可得．其不能有所成就．亦何足怪．故光宣之交．只能謂爲淸學衰落期．並新思想啓蒙之名．亦未敢輕許也．

三十

晚清思想家有一伏流曰佛學前清佛學極衰微高僧已不多卽有亦於思想界無關係其在居士中清初王夫之頗治相宗然非其專好至乾隆時則有彭紹升羅有高篤志信仰紹升嘗與戴震往復辨難（東原集）其後龔自珍受佛學於紹升（定庵文集有知歸子讚知歸子卽紹升）晚受菩薩戒魏源亦然晚受菩薩戒易名承貫著無量壽經會譯等書龔魏爲「今文學家」所推獎故「今文學家」多兼治佛學石埭楊文會少曾佐曾國藩幕府復隨曾紀澤使英夙栖心內典學問博而道行高晚年息影金陵專以刻經弘法爲事至宣統三年武漢革命之前一日圓寂文會深通「法相」「華嚴」兩宗而以「淨土」敎學者學者漸敬信之譚嗣同從之遊一年本其所得以著仁學尤常鞭策其友梁啓超啓超不能深造顧亦好焉其所著論往往推挹佛敎康有爲本好言宗敎往往以己意進退佛說章炳麟亦好法相宗有著述故晚清所謂新學家者殆無一不與佛學有關係而凡有眞信仰者率皈依文會

經典流通既廣求習較易故研究者日衆就中亦分兩派則哲學的研究與宗敎的信仰也西洋哲學既輸入則對於印度哲學自然引起連帶的興味而我國人歷史上與此系之哲學因緣極深研究自較易且亦對於全世界文化應負此種天職有志者頗思自任焉然其人極稀其事業尚無可稱述社會既屢更喪亂厭世思想不期而自發生對於此惡濁世界生種種煩懣悲哀欲求一安心立命之所稍有根器者則必逃逝而入於佛佛敎本非厭世本非消極然眞學佛而眞能赴以積極精神者譚嗣同外殆未易一二見焉

學佛既成爲一種時代流行則依附以爲名高者出焉往往有夙昔稔惡或今方在熱中奔競中者而亦自託於學佛今日聽經打坐明日黷貨陷人淨宗他力橫超之敎本有「帶業往生」一義稔惡之輩斷章取義日日勇

於爲惡特一聲「阿彌陀佛」謂可湔拔無餘直等於「羅馬舊教」極敝時懺罪與犯罪並行不悖又中國人中迷信之毒本甚深及佛教流行而種種邪魔外道惑世誣民之術亦隨而復活乩壇盈城圖讖累牘佛弟子曾不知其爲佛法所訶爲之推波助瀾甚至以二十年前新學之鉅子猶津津樂道之率此不變則佛學將爲思想界一大障雖以吾輩夙尊佛法之人亦結舌不敢復道矣

蔣方震曰『歐洲近世史之曙光發自兩大潮流其一希臘思想復活則「文藝復興」也其二原始基督教復活則「宗教改革」也我國今後之新機運亦當從兩途開拓一爲情感的方面則新文學新美術也一爲理性的方面則新佛教也』（歐洲文藝復興時代史自序）吾深韙其言中國之有佛教雖深惡之者終不能遏絕之其必常爲社會思想之重要成分無可疑也其益社會耶害社會耶則視新佛教徒能否出現而已

更有當附論者曰基督教基督教本與吾國民性不近故其影響甚微其最初傳來者則舊教之「耶穌會」一派也明士大夫徐光啓輩一時信奉入清轉衰重以教案屢起益滋人厭新教初來亦受其影響其後國人漸相安而教力在歐洲已日殺矣各派教會在國內事業頗多尤注意教育然皆竺舊乏精神對於數次新思想之運動毫未參加而間接反有阻力焉基督教之在清代可謂無咎無譽今後不改此度則亦歸於淘汰而已

三十一

前清一代學風與歐洲文藝復興時代相類甚多其最相異之一點則美術文學不發達也清之美術（畫）雖不能謂甚劣於前代然絕未嘗向新方面有所發展今不深論其文學以言夫詩眞可謂衰落已極吳偉業之靡曼

王士禎之脆薄，號為開國宗匠，乾隆全盛時，所謂袁（枚）蔣（士銓）趙（執信）三大家者，臭腐殆不可嚮邇，諸經師及諸古文家集中多亦有詩，則極拙劣之砌韻文耳，嘉道間，龔自珍王曇舒位號稱新體，則粗獷淺薄，咸同後競宗宋詩，只益生硬，更無餘味，其稍可觀者，反在生長僻壞之黎簡鄭珍輩，而中原更無聞焉，直至末葉，始有金和黃遵憲康有為，元氣淋漓，卓然稱大家，以言夫詞，清代固有作者，駕元明而上，若納蘭性德郭麐張惠言項鴻祚譚獻鄭文焯王鵬運朱祖謀，皆名其家，然詞固所共指為小道者也，以言夫曲，孔尚任桃花扇洪昇長生殿外，無足稱者，李漁蔣士銓之流，淺薄寡味矣，以言夫小說，紅樓夢隻立千古，餘皆無足齒數，以言夫散文，經師家樸實說理，毫不帶文學臭味，桐城派則以文為「司空城旦」矣，其初期魏禧王源較可觀，末期則魏源曾國藩康有為，清人頗自夸其駢文，其實極工者僅一汪中，次則龔自珍譚嗣同，其最著名之胡天游邵齊燾洪亮吉輩，已堆垛柔曼無生氣，餘子更不足道，要而論之，清代學術在中國學術史上價值極大，清代文藝美術在中國文藝史美術史上價值極微，此吾所敢昌言也。

清代何故與歐洲之「文藝復興」異其方向耶，所謂「文藝復興」者，一言以蔽之，曰返於希臘，希臘文明本以美術為根幹，無美術則無希臘，蓋南方島國景物妍麗而多變化之民所特產也，而意大利之位置，亦適與相類，希臘主要美術在彫刻，而其實物多傳於後。故維那神像（彫刻裸體女神）之發掘，為文藝復興最初之動機，研究學問上古典，則其後起耳，故其方向特趨重於美術，宜也，我國文明發源於北部大平原，平原雄偉廣蕩而少變化，不宜於發育美術，所謂復古者，使古代平原文明之精神復活，其美術的要素極貧乏，則亦宜也。

然則曷為並文學亦不發達耶，歐洲文字衍聲，故古今之差變劇，中國文字衍形，故古今之差變微，文藝復興時之歐人雖競相與研究希臘。或逕以希臘文作詩歌及其他著述。要之欲使希臘學普及。必須將希臘語譯爲拉丁或當時各國通行語。否則人不能讀。因此而所謂新文體（國語新文學）者自然發生。如六朝隋唐譯佛經。產出一種新文體。今代譯西籍。亦產出一種新文體。相因之勢然也。我國不然。字體變遷不劇。研究古籍。無待迻譯。夫論語孟子稍通文義之人。盡能讀也。其不能讀論語孟子者。則並水滸紅樓亦不能讀也。故治古學者無須變其文與語。旣不變其文與語。故學問之實質雖變化。而傳述此學問之文體語體無變化。此清代文無特色之主要原因也。重以當時諸大師方以崇實黜華相標榜。顧炎武曰。『一自命爲文人便爲足觀』。（日知錄二十）所謂「純文藝」之文。極所輕蔑。高才之士。皆集於「科學的考證」之一途。其向文藝方面討生活者。皆第二派以下人物。此所以不能張其軍也。

三十二

問曰。吾子屢言清代研究學術。饒有科學精神。何故自然科學。於此時代並不發達耶。答曰。是亦有故。文化之所以進展。恆由後人承襲前人智識之遺產。繼長增高。凡襲有遺產之國民。必先將其遺產整理一番。再圖向上。此乃一定步驟。歐洲文藝復興之價值。卽在此。故當其時科學亦並未發達也。不過引其機以待將來。清代學者。刻意將三千年遺產用科學的方法大加整理。且亦確已能整理其一部分。凡一國民在一時期內。只能集中精力以完成一事業。且必須如此。然後事業可以確實成就。清人集精力於此一點。其貢獻於我文化者已不少。實不能更責以其他。且其趨勢亦確向切近的方面進行。例如言古音者。初惟求諸詩經易經之韻。進而考歷代之變還更進而考古今各地方音遂達於人類發音官能構造之研究此即由博古的考證引起自然科學的考證之明驗也故清儒所遵之塗徑實爲科學發達之先驅其未能一蹴卽幾者時代使然耳

復次凡一學術之發達必須爲公開的且趣味的研究又必須其研究資料比較的豐富我國人所謂「德成而上藝成而下」之舊觀念因襲已久本不易驟然解放其對於自然界物象之研究素乏趣味不能爲諱也科學上之發明亦何代無之然皆帶祕密的性質故終不能光大或不旋踵而絕卽如醫學上證治與藥劑其因祕而失傳者蓋不少矣凡發明之業往往出於偶然發明者或並不能言其所以然或言之而非其眞及以其發明之結果公之於世多數人用各種方法向各種方面研究之然後偶然之事實變爲必然之法則此其事非賴有種種公開研究機關——若學校若學會若報館者則不足以收互助之效而光大其業也夫在清代則安能如是此又科學不能發生之一原因也

然而語一時代學術之興替實不必問其研究之種類而惟當問其研究之精神研究精神不謬者則施諸此種類而可成就施諸他種類而亦可以成就也清學正統派之精神輕主觀而重客觀賤演繹而尊歸納雖不無矯枉過正之處而治學之正軌存焉其晚出別派（今文學家）能爲大膽的懷疑解放斯亦創作之先驅也此清學之所爲有價值也歟

三十三

讀吾書者若認其所採材料尙正確所批評亦不甚紕繆則其應起之感想有數種如下

其一。可見我國民確富有「學問的本能」。我國文化史確有研究價值。即一代而已見其概。故我輩雖當一面盡量吸收外來之新文化。一面仍萬不可妄自菲薄蔑棄其遺產。

其二。對於先輩之「學者的人格」。可以生一種觀感。所謂「學者的人格」者。為學問而學問。斷不以學問供學問以外之手段。故其性耿介。其志專壹。雖若不周於世用。然每一時代文化之進展。必賴有此等人。

其三。可以知學問之價值在善疑。在求眞。在創獲。所謂研究精神者。歸著於此點。不問其所疑所求所創者在何部分。亦不問其所得之鉅細。要之經一番研究。即有一番貢獻。必如是始能謂之增加遺產。對於本國之遺產當有然。對於全世界人類之遺產亦當有然。

其四。將現在學風與前輩學風相比照。令吾曹可以發現自己種種缺點。知現代學問上籠統影響淩亂膚淺等等惡現象。實我輩所造成。此等現象。非徹底改造。則學問永無獨立之望。且生心害政。其流且及於學問社會以外。吾輩欲為將來之學術界造福耶。抑造罪耶。不可不取鑒前代得失以自策厲。

吾著此書之宗旨。大略如是。而吾對於我國學術界之前途。實抱非常樂觀。蓋吾稽諸歷史。徵諸時勢。按諸我國民性。而信其於最近之將來。必能演出數種潮流。各為充量之發展。吾今試為預言於此。吾祝吾觀察之不謬。而希望之不虛也。

一、自經清代考證學派二百餘年之訓練。成為一種遺傳。我國學子之頭腦。漸趨於冷靜縝密。此種性質。實為科學成立之根本要素。我國對於「形」的科學。（數理的）淵源本遠。根柢本厚。對於「質」的科學。（物理的）因機緣未熟。暫不發展。今後歐美科學。日日輸入。我國民用其遺傳上極優粹之科學的頭腦。憑藉此等豐富之資料。瘁精研究將來必可成爲全世界第一等之「科學國民」

二、佛教哲學本爲我先民最珍貴之一遺產特因發達太過末流滋弊故清代學者對於彼而生劇烈之反動及清學發達太過末流亦敝則還元的反動又起焉適値全世界學風亦同有此等傾向物質文明爛熟而「精神上之飢餓」益不勝其苦痛佛教哲學蓋應於此時代要求之一良藥也我國民性對於此種學問本有特長前此所以能發達者在此今後此特性必將復活雖然隋唐之佛教非復印度之佛教而今後復活之佛教亦必非復隋唐之佛教質言之則「佛教上之宗教改革」而已

三、所謂「經世致用」之一學派其根本觀念傳自孔孟歷代多倡道之而清代之啓蒙派晚出派益擴張其範圍此派所揭櫫之旗幟謂學問有當講求者在改良社會增其幸福其通行語所謂「國計民生」者是也故其論點不期而趨集於生計問題而我國對於生計問題之見地自先秦諸大哲其理想皆近於今世所謂「社會主義」二千年來生計社會之組織亦蒙此種理想之賜頗稱均平健實今此問題爲全世界人類之公共問題各國學者之頭腦皆爲所惱吾敢言我國之生計社會實爲將來新學說最好之試驗場而我國學者對於此問題實有最大之發言權且尤當自覺悟其對此問題應負最大之任務

四、我國文學美術根柢極深厚氣象皆雄偉特以其爲「平原文明」所產育故變化較少然其中徐徐進化之跡歷然可尋且每與外來之宗派接觸恆能吸受以自廣清代第一流人物精力不用諸此方面故一時若甚衰落然反動之徵已見今後西洋之文學美術行將盡量輸入我國民於最近之將來必有多數之天才家出焉採納之而傅益以己之遺產創成新派與其他之學術相聯絡呼應爲趣味極豐富之民衆的文化運動

五、社會日複雜。應治之學日多。學者斷不能如清儒之專擘古典。而固有之遺產。又不可蔑棄。則將來必有一派學者焉。用最新的科學方法。將舊學分科整治。擷其粹存其眞。續清儒未竟之緒。而益加以精嚴。使候之學者既節省精力。而亦不墜其先業世界人之治「中華國學」者。亦得有藉焉。

以吾所觀察所希望。則與清代興之新時代。最少當有上列之五大潮流。在我學術界中。各為猛烈之運動。而並占重要之位置。若今日者。正其啟蒙期矣。吾更願陳餘義以自厲。且厲國人。

一、學問可嗜者至多。吾輩當有所割棄。然後有所專精。對於一學。為徹底的忠實研究。不可如劉獻廷所謂『祇教成半箇學者。』（廣陽雜記卷五）力洗晚清籠統膚淺凌亂之病。

二、善言政者。必曰「分地自治分業自治。」學問亦然。當分業發展。分地發展。分業發展之義易明。不贅述。所謂分地發展者。吾以爲我國幅員廣埒全歐。氣候兼三帶。各省或在平原。或在海濱。或在山谷。三者之民。各有其特性。自應發育三箇體系以上之文明。我國將來政治上各省自治基礎確立後。應各就其特性。於學術上擇一二種爲主幹。例如某省人最宜於科學。某省人最宜於文學美術。皆特別注重。求爲充量之發展。必如是然後能爲本國文化世界文化作充量之貢獻。

三、學問非一派可盡。凡屬學問。其性質皆爲有益無害。萬不可求思想統一。如二千年來所謂『表章某某罷黜某某』者。學問不厭辨難。然一面申自己所學。一面仍尊人所學。庶不至入主出奴。蹈前代學風之弊。

吾著此篇竟。吾感謝吾先民之餉遺我者至厚。吾覺有極燦爛莊嚴之將來。橫於吾前。

飲冰室叢書
清代學術概論

1912

作　　者／梁啓超 著
主　　編／劉郁君
美術編輯／鍾　玟

出 版 者／中華書局
發 行 人／張敏君
副總經理／陳又齊
行銷經理／王新君
地　　址／11494 台北市內湖區舊宗路二段181巷8號5樓
客服專線／02-8797-8396　　　傳　　真／02-8797-8909
網　　址／www.chunghwabook.com.tw
匯款帳號／華南商業銀行　西湖分行
　　　　　179-10-002693-1　中華書局股份有限公司

法律顧問／安侯法律事務所
製版印刷／維中科技有限公司　海瑞印刷品有限公司
出版日期／2018年11月台二版
版本備註／據1956年3月台一版復刻重製
定　　價／NTD 200

國家圖書館出版品預行編目（CIP）資料

清代學術概論 / 梁啟超著.—台二版.—臺北市
:中華書局, 2018.11
面 ;　公分. -- (飲冰室叢書)
ISBN 978-957-8595-06-4(平裝)

1.學術思想 2.清代哲學

112.7　　　　　107016328

NO.L0008
ISBN 978-957-8595-06-4（平裝）

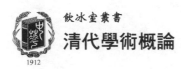